まえがき
活学の取り扱い説明書

　私は経営コンサルタントとして活動しており、講演やセミナーを行う中で、こんな質問が多く寄せられます。

> 「部下のモチベーションを上げる方法は？」
> 「人を導くためのリーダーシップとは？」
> 「会社のビジョンを社員に浸透させるには？」

　また、高校や大学・専門学校、親子セミナーに登壇させていただく機会もあり、そこで求められることが多いのが次のようなテーマです。

> 「他者や社会との関係性」
> 「どう生きていけばいいのか」

　これらは、日本が「成熟社会」に突入した頃からよく話題にされるテーマです。詳しくは本文で説明しますが、成熟社会では次のような感覚が広がっています。

> ・「こういう生き方が望ましい」「自由に生きてもいいよ」と書かれている本やネット記事を見て、「その通りだ」と共感する一方で、世の中の空気はあまり変化していない
> ・今の日本では人の価値観は多様化し、幸せは十人十色。夢やビジョンは個別化している
> ・「静かなる退職」のように、意欲を持たずに働く人が増える―

方で、生きがい、やりがい、働きがいを求めていながら叶っていない人がたくさんいる

簡単に言うと、昔のように会社や先生の言う通りに生きていけば幸せになれるわけではないということです。「自由に生きていいよ」という情報はあふれているのに、「では、こう生きていこう」と決断できず、生き方に迷っている人が多くいます。

これは、車の扱い方に例えて考えるとわかりやすいです。車がどういう仕組みで動くのかを知らず、運転方法もよくわかっていなければ、車が本来持っているパフォーマンスを最大限に発揮することはできません。同様に、人がどういうものかを理解しておらず、どういう考え方で人生に臨めばいいかよくわかっていなければ、「自分」のパフォーマンスを最大限発揮することはできません。

本書で扱う「活学」とは、人の「活力」にフォーカスし、心理学や社会学、哲学や物理学などで既知の定説となっている理論や考え方を用い、成熟社会に合わせて体系化したものです。

「学問」と定義はしていますが、人間学や国家論のような、高尚なことは書いていません。「活き活きと過ごす」という観点から、「人間ってこうやってできているよね」「こう考えると生きやすいよね」と捉えることで「自分」という人間のパフォーマンスをより発揮できるようにします。「自分の生き方はこれでいいのかな」「よくわからないまま流されて、ただ歳を取ることに疑問を感じる」「自分の人生を変えたい」。そんな気持ちになったときに、「活学」を活用していただければと思います。

また、「活學」は、日本の哲学者・思想家として著名な安岡正篤氏が、人間の生き方について人間学や国家論を記した本のタイトルの1つです。そのオマージュとして、恐れながら同じ名前にしていま

す。この本を手に取った方は、ぜひ安岡正篤氏の本も読んでみてください。

活学を学んで人生が変わった方が私の周りには大勢います。

- 親子関係の問題によって親を憎んでいた人が、親をゆるし、楽に生きられるようになった
- 自分の仕事に疑問を持っていた人が、仕事を天職と言えるようになり、今まで以上に大きな成果を出すことができるようになった
- 生きる意味も、生き方もわからず虚無感に陥っていた人が、やりたいことが見つかって毎日を楽しく夢中で生きられるようになった

亡くなった私の父も、活学によって活力を取り戻した1人です。父は亡くなる2年ほど前から、たび重なる病の影響で人工呼吸器をつけることになり、会話も食事もできなくなりました。その上、自力での排便ができなくなりストーマをつける事態にもなりました。生きる希望を持てず、自殺さえ考える状況となった父に、活学的なビジョンを与えるために、私はこう伝えました。

「将来、もし私が親父と同じような状況を味わうことになっても、絶望せず、毅然とした生き方ができるように、その手本を今の私に示してほしい」

すると父は、見違えるように日々を活き活きと過ごしてくれるようになりました。医者には絶対に無理だと言われていたのに、奇跡的に食事も会話もできるようになり、最期まで私たち家族を冗談で

笑わせる余裕を持ちながら、毅然とかっこよく過ごして亡くなりました。

　このように、活学を身につけることで自分自身が活力を持てるようになり、身近な人を元気づけることもできるようになります。

　活学のスローガンは、**「自分だけは自分のファンでいよう」**です。そんな活学の世界に触れ、人間を知り、自分を知り、今後の人生を彩りあふれる幸せなものにしていただけたら幸いです。

　なお、本書はページ数の都合から元の原稿の半分の情報量で出版されています。説明が足りない部分もあるかもしれません。機会があれば読者のみなさんの前で、割愛部分をお話しできればうれしく思います。

まえがき　活学の取り扱い説明書 ……………………………………………………… 002

活学の全体像 ……………………………………………………………………………… 014

第 1 部
活学の全体像を理解する

1 時間目 「成熟社会」で起きていること

夢やビジョンの個別化・多様化 …………………………………………………… 020
「活力」の低下と「実存的虚無感」 ………………………………………………… 021
失われた「魂魄」 ……………………………………………………………………… 024
失われた日本人の精神性 …………………………………………………………… 028
失われた「想像力」と「創造力」 …………………………………………………… 030

2 時間目 自分のファンになるための ビジョンメイキング

「自分のファンになる」ために …………………………………………………… 031
「マインドの世界」と「リアルの世界」の概要 ………………………………… 032
ビジョンメイキング図 ……………………………………………………………… 036
ビジョンを実現するための手順と全体像 ……………………………………… 037

3 時間目 活学の土台となる思考法

片側しか見ない思考法 ……………………………………………………………… 039
相反する思考法 ………………………………………………………………………… 041
相反する思考法のメリット ………………………………………………………… 053

INDEX

第2部
活力の源泉となる「ビジョン」を描く

4時間目 2つの世界を行き来する

「マインドの世界」と「リアルの世界」 …………………………………… 056

「マインド」と「リアル」を一致させる …………………………………… 058

2つの「そうぞう力」 ………………………………………………………… 060

2つの「そうぞう力」が失われた理由 …………………………………… 062

5時間目 ビジョンのさまざまな形

正のビジョン ………………………………………………………………… 068

負のビジョン ………………………………………………………………… 069

偽りの正のビジョン ………………………………………………………… 071

リアルビジョン ……………………………………………………………… 073

6時間目 存在意義を感じられる「真のビジョン」

「真のビジョン」を描くとできるようになること …………………… 076

「真のビジョン」の条件 …………………………………………………… 078

ビジョンを見つけるためのワーク ……………………………………… 080

第3部
成熟社会の「欲求」を知る

7時間目 欲求とビジョンの関係性

「欲求」と「欲望」 ………………………………………………………………… 088

人は欲求を感情に乗せてビジョンを描く ……………………………………… 088

欲求の自覚がビジョンに与える影響 …………………………………………… 089

8時間目 活学の欲求10段階

マズローの欲求5段階説 ………………………………………………………… 092

成長社会と成熟社会の「欲求」の違い ………………………………………… 094

活学の欲求10段階 ……………………………………………………………… 097

マインドの世界の欲求 …………………………………………………………… 099

9時間目 時代によって変化する、欲求を満たす順番

従来通りの欲求の満たし方 ……………………………………………………… 102

成熟社会で見られるようになった欲求の満たし方 …………………………… 105

リアルとマインド両方の欲求を満たす ………………………………………… 110

INDEX

第 4 部
リアルの世界で「行動」を起こす

10 時間目 「未経験の行動」を阻む機能

「ホメオスタシス効果」とは ……………………………………………… 114

ホメオスタシスはどのように生まれるか ………………………………… 116

ホメオスタシスに引っかからない心理状態とは ……………………… 117

ホメオスタシスへの対応策 ………………………………………………… 119

他者との信念対立にも働くホメオスタシス …………………………… 122

11 時間目 ビジョンの実現と「価値観・信念」

「価値観・信念」の生まれ方 ……………………………………………… 125

ビジョンが生まれて実現するまで ……………………………………… 127

第 5 部
「感情」のコントロール方法を
知る

12 時間目 抑圧される「感情」

感情の「大きさ」と「種類」 ……………………………………………… 136

感情が抑圧される理由 ……………………………………………………… 138

負の感情も必要な感情 ……………………………………………………… 140

感情にフタをする「心の電池」 …………………………………………… 141

(13) 感情をコントロールする3つの能力
時間目

①感情の増幅能力 ……………………………………………………………………… 143

②感情の分解能 ………………………………………………………………………… 145

③感情の区分け能力 …………………………………………………………………… 147

(14) 「本来の感情」と「理性的感情」
時間目

「腹」と「頭」にある感情 …………………………………………………………… 151

感情とビジョンの関係 ……………………………………………………………… 152

「感情のすり替え」による感情の不一致 ………………………………………… 153

「感情の地層モデル」とは ………………………………………………………… 156

(15) 「執着」を手放すために
時間目

価値観・信念の固定化 ……………………………………………………………… 158

執着が生まれる理由 ………………………………………………………………… 159

執着の外し方 ………………………………………………………………………… 161

第 6 部
「負の感情」への対処法を知る

(16) 「負の感情」が湧く仕組みと対処法
時間目

「負の感情」が湧く仕組み …………………………………………………………… 164

自作自演の負の感情 ………………………………………………………………… 169

負の感情への3つの対処法 ………………………………………………………… 171

INDEX

17 時間目 「相反する思考法」で切り離す

相反する思考法による対処法の流れ …………………………………………… 174

二律背反：「正の解釈」を作り「正の感情」に浸る ……………………… 174

万物流転：矛盾した解釈と感情を同時に見る ……………………………… 178

矛盾統合：矛盾した解釈と感情を矛盾統合する …………………………… 180

相反する思考法の限界と有効性 …………………………………………………… 182

18 時間目 「プルチックの感情の輪」で 細かく小さくする

「プルチックの感情の輪」とは ……………………………………………………… 184

①どの感情を感じているかを知る ……………………………………………… 186

②感情を因数分解する …………………………………………………………………… 188

③細かくなった負の感情を分析してさらに小さくする ………………… 191

④正の感情に移動する …………………………………………………………………… 193

19 時間目 「内観」で根本から消し去る

内観で取り組むべきテーマ ……………………………………………………………… 196

内観で負の感情を根本から消し去る仕組み ……………………………………… 197

内観を行うに当たって …………………………………………………………………… 199

内観の第1フェーズ …………………………………………………………………………… 199

内観の第2フェーズ …………………………………………………………………………… 203

第 7 部
自分だけは自分のファンになる

20 時間目 顕在意識と潜在意識

フロイトの「心の三層構造」································· 208

ユングの「個人的無意識」「集合的無意識」·············· 209

潜在意識のパワー································· 211

顕在意識と潜在意識のリンクを強くする·············· 212

価値観・信念のフィルターに穴を開けるには·············· 213

21 時間目 活学の「共同体感覚」

アドラーの「共同体感覚」································· 216

活学の「共同体感覚」································· 218

活学の共同体感覚に必要な4要素·············· 220

22 時間目 「愛」を定義する

愛とは何か································· 225

「愛」そのものではない心の動き·············· 228

「愛」によるものだと勘違いしやすい行動·············· 230

愛の正体は「活力」································· 231

無条件の愛はない································· 233

23 時間目 自分のファンになる

負の感情を肯定できることと「愛」の関係性·············· 235

「自分」「他者」「世界」の愛し方·············· 236

「自分」「他者」「世界」を愛せていない場合·············· 239

「自己愛」と「自尊心」の違い·············· 240

「自己愛」から脱却し、「自尊心」を高めるには·············· 243

愛するための条件を広げる·············· 244

「なんでもあり」だと理解する·············· 246

INDEX

第 8 部
描いたビジョン通りに世界は変わる

24 時間目 時間概念と因果関係を破壊する

時間の捉え方 ································· 250

ビジョンを実現するなら「インタイム」 ··········· 252

「実時間」と「認識時間」 ······················ 253

因果関係の逆転を引き起こすもの ··············· 254

25 時間目 「クリップ理論」と「フィルム理論」

「クリップ理論」とは ·························· 258

ビジョンが作るクリップの山 ··················· 260

クリップの山が2つあるとき ··················· 261

「フィルム理論」とは ·························· 263

フィルムをつなぎ変えることで未来を変える ········ 264

「このフィルムを自分で作っている」という実感 ····· 266

終業式 人生というゲームの攻略法 ············ 268

あとがき　答えはすべて自分の中に ·············· 269

装丁　原 伊吹

活学の全体像

次ページの説明と併せて読んでください。

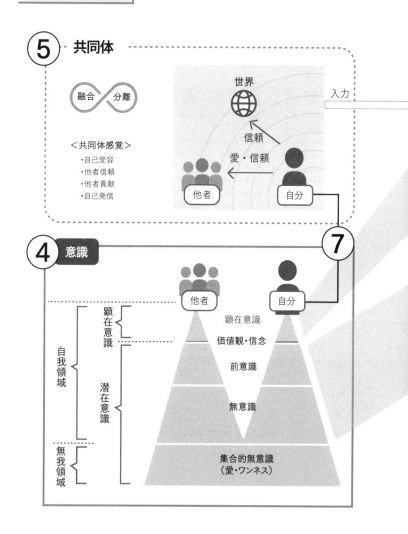

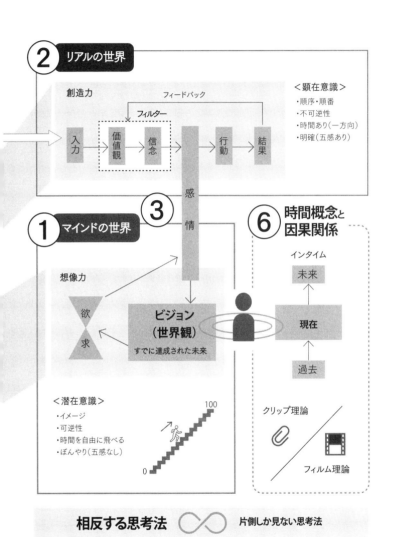

活学の全体像　　前ページの図と併せて読んでください。

　活学で何を学ぶのか、細かく説明する前に全体像をお伝えします。前ページの全体像を見ながらご確認ください。ここを読んだだけではよくわからなくても、最後には理解できるように説明しています。まずはざっくりと全体の雰囲気を感じ取ってください。

① マインドの世界

　マインドの世界とは、私たちが「ビジョン」を描く精神世界のこと。マインドの世界には**「欲求」「感情」「ビジョン」**という3つの要素があり、人は「欲求」を「感情」に乗せて「ビジョン」を描く。ビジョンを描くことで「欲求」が強くなり、「感情」が深まり、さらに「ビジョン」が明確になるというサイクルを繰り返す。

② リアルの世界

　リアルの世界とは、私たちが生きている現実世界のこと。リアルの世界には、**「入力（出来事）」「価値観・信念」「感情」「行動」「結果」**という5つの要素がある。

　外部からの「入力」が「価値観」に進むと、入力が価値観に沿っている場合は「信念」に進み、価値観に沿わない場合は価値観で棄却される。

　価値観に沿っていて信念に進んだ場合、信念に合致すると「正の感情」が生まれ、受容・許可するような「行動」をとる。合致しなければ「負の感情」が生まれ、拒否や逃避といった「行動」をとる。

　自分の起こした行動に対する「結果」を受けて「良い・悪い」「成功・失敗」という「結果」が新たな「入力」となり、「価値観・信念」にフィードバックされる。そうして価値観・信念をより強固にしたり、追加や修正がされたりする。

　また、ビジョンを実現するための行動を**「ミッション」**という。

③ 2つの世界の関係

　「感情」だけがリアルの世界とマインドの世界をつないでいる。どのような**「行動」**をとるかは感情によって決まる。マインド側で真のビジョンを描き、マインド側の感情から行動に移すことができれば、おのずとビジョン実現に近づいていくことができる。

　しかし実際には、マインドの世界から生まれた感情と、リアルの世界から生

まれた感情が矛盾することがある。その場合、せめぎ合いになり、より強い感情に沿って行動する。また、リアルの世界の**「価値観・信念」**が感情を通してマインドの世界に影響し、真のビジョンを描けないこともある。その場合、感情を決める要素となる「価値観・信念」を書き換えることが必要になる。

④ 意識

　意識には**「顕在意識」**と**「潜在意識」**があり、「顕在意識」はリアルの世界にあり、「潜在意識」はマインドの世界にある。活学では、潜在意識と顕在意識の間に**「価値観・信念」**のフィルターがあると考える。フィルターに穴を開けることで、顕在意識と潜在意識のリンクが強まり、価値観・信念を書き換えることができる。すると、真のビジョンをスムーズに描きやすくなる。

⑤ 共同体

　人は**「共同体」**の中で生きる生き物。**「愛」**とは「融合」であり、「愛」とは逆の方向に向かうのが「分離」。融合へ向かうためには、**「他者」**へは愛と信頼感、**「世界」**へは信頼感を持つことが必要。

　愛の理解と「共同体感覚」の身につき方で、他者との関係が変わる。他者との関係は自分自身への入力にも、リアルの世界での真のビジョン達成の助力にも影響する。

⑥ 時間概念と因果関係

　時間の捉え方には**「スルータイム」**と**「インタイム」**があるが、ビジョンを実現するためにはインタイムでの捉え方が重要。

　ビジョンをスムーズに実現するには、因果関係の逆転が必要で、それを説明するのが**「クリップ理論」**と**「フィルム理論」**。クリップ理論では因果関係の逆転を、フィルム理論では「今に集中する大切さ」をメインに説明している。

⑦ 自分

　「マインドの世界」「リアルの世界」「意識」「共同体」「時間概念と因果関係」、これらの中心にいるのが**「自分」**。

　活学の最終目的は、自分のファンになること。自己愛を脱却し、自尊心を育む。自身の持っているスペックとキャラを最大限に活かし、人生を味わい尽くせるようにする。

第 **1** 部

活学の全体像を
理解する

「成熟社会」で起きていること

1時間目

活学を語る上で、まず押さえておきたいのが日本人が活力を失うにいたるまでの時代背景です。日本は、戦後の貧しい暮らしから、高度経済成長で知られる「成長社会」、そして物や情報にあふれる「成熟社会」に移行しています。世の中はより便利になりましたが、同時に活力を失い、生きづらさを抱える人が増えています。

夢やビジョンの個別化・多様化

戦後の貧しい暮らしを乗り越え、日本は「成長社会」を過ごしました。「人口増加」に伴い、マーケットは拡大。供給側も「大量生産」のために「人海戦術」をしていくことになります。物もサービスも発展し、日本は急速な経済成長を遂げました。

高度経済成長期（1950年代後半から1970年代前半）に急速な経済成長を遂げ、GDP（国内総生産）は上昇。日本は世界第2位の経済大国となりました。バブル経済期（1980年代後半）には、不動産や株式市場が急激に拡大し、日本の1人当たりGDPは一時的にアメリカを抜きました。

しかし、1990年代初頭にバブル経済が崩壊。人件費の安い海外製品が出てくると、これまでの勝ちパターンが通用しなくなります。日本の1人当たりGDPはアメリカに抜き返され、世界第2位の位置に戻りました。

成長社会では**「人口増加」「大量生産」「人海戦術」**でうまくいっていたものが、成熟社会では、**「人口減少」「技術発達」「情報過**

多」の影響から、既存のやり方が通用しなくなっています。GDPは2010年に中国に抜かれ3位。さらに2023年には名目GDPでドイツにも抜かれています。これらの要因の1つに、成熟社会への対応がうまくいかなかった点も挙げられるでしょう。

　日本の人口減少が始まったのは2008年からで、ここが成熟社会への切り替わりだと考えられます。「技術発達」はさらに進み、ますます便利になっていき、人々のニーズや渇望感も少なくなっていきます。また、ビジネススピードも速くなり、人間の処理速度を技術が追い抜いています。効率化、無人化、AI、タイムパフォーマンスなど、世の中やビジネスの速度についていけない人は知的労働に従事できなくなっていきます。

　その中で、変わらぬ需要を生み出すためにマーケティングが強まります。情報媒体が増えていき、人の脳が処理し切れないほどの情報量を浴びせられます。これが「情報過多」です。

　情報過多の世の中では、脳の負担を軽くするために自分にとって興味のない情報や価値観に合わない情報を取得しなくなります。そうして価値観が多様化して、夢やビジョンが個別化、それまで一般的だった「結婚して家庭を持つ」以外の幸せの形が増えていきます。

　ある程度の所得が得られれば、物やサービスに囲まれて、不自由なく暮らせます。辛くない仕事と暮らしていける生活費、そして楽しめる趣味があれば、成長しなくても渇望感を感じずに生きていくことができます。成熟社会とは、そうした世の中です（成熟社会について、詳しくは拙著『成熟社会のビジネスシフト』〈総合法令出版〉をご覧ください）。

「活力」の低下と「実存的虚無感」

　成熟社会における渇望感の消失は、個人の「活力」の低下を生み

出します。活力があるかないかは状況や対象によっても変わりますが、大きく分けると次のようになります。

■活力のある人
・好奇心にあふれ、やりたいことに夢中になっている
・「ビジョン」を成し遂げる力とエネルギーがある
・「実存」があり、自分の存在意義を持つことができている
・過去に執着せず、未来に不安を持たず、今に集中して生きている

■活力のない状態
・好みはあるものの、何事にも無関心でやりたいことがない
・目標を成し遂げる力とエネルギーがない
・「実存」がなく、自分の存在意義を感じることができていない
・過去への執着や未来への不安にのまれ、今に集中して生きることができていない

　戦後の日本では、家族のために夢中で働くことが自然と生きがいとなっていました。成長社会に入っても、まだ生活が豊かではなかった時代には、「あれが欲しい」「これも欲しい」「そのためにも頑張ろう」という欲求を誰もが持っていました。国は「所得倍増」というスローガンを掲げ、人々は自然とそれに沿った欲求を持つことができました。「豊かな生活」が幸せの定義だったと言えます。
　加えて、「良い学校に入り、良い会社に入って、良い人と結婚し、良い老後」という、「決まったレールに従って生きていけば大丈夫」という風潮も生まれます。個人がビジョンを持っていなくても、共通のビジョンに向かって行動していれば、なんとなく活力を持って生きていくことができていたのです。

一方で、成熟社会では個性と価値観が多様化し、「自由に生き方を選んでいい」という価値観になりました。国から与えられていた生き方に関するビジョンはすでになく、物もサービスもあふれて渇望感に乏しい状況です。そのためビジョンを描けない人が増えていきます。

　ビジョンを描けなければ、自分の活力を持て余したり、活力の出し方がわからなくなったり、活力自体を持たなくなったりします。すると人は、周囲からの要求に応じて動くようになります。仕事では、周囲からの指示や依頼にはしっかりと応えるものの、自分から何かしようとはしないロボットのようになります。こうなると、人は自分の存在を自分で感じられなくなります。

　心理学用語では、生きる意味を喪失した感覚を「実存的空虚感」と言います。活学では、それに活力がない状態を加えたもの、**実体はあるのに「実存」を感じられない感覚を、「実存的虚無感」**と定義しています。成熟社会の流行り病のようなものと捉えてください。

　「自分の実存がある」とは、他者の評価や刷り込みにかかわらず、自分で自分を生きている感じがする、ということです。**「実存」がない人は、他者の存在があることで初めて自分があると感じます。自分の存在価値を他人によって規定しようとする、もしくは、規定されているという感覚を持ちます。**この状態が長く続くと、活力を失い、実存的虚無感に陥っていきます。

■実存的虚無感の特徴

・心が満たされず、空虚感を感じる
・人生の意味や目的がわからず、生きがいを感じることができない
・自分にとって何が楽しいことなのかがわからない
・欲しい物がなく、何かをしたいという欲求も生まれてこない

・自分で自分の幸せを作れていないし、どう作っていいのかもわからない。もしくは作る気がない
・自分自身を愛せない
・他人がいないと自分の存在価値を規定できない

　実存的虚無感に陥っている人は、空虚感を麻痺させるために他者や物、刺激などで心の空白を埋めようとします。無意味に忙しくすることで気をまぎらわせようとしたり、人や社会から必要とされている自分を強く感じようと、ネットで他人に関与したりします。**幸せを感じるために生きているのに、その幸せを感じることができない、どう感じていいのかわからない状態**で、虚無感を埋めるための行動に時間を費やしていくことになります。

失われた「魂魄」

　活力を持てるようになるには、その方法を学ぶこと、魂魄を育てること、この2つが必要です。活力を持つ方法については、昔は「修身」という授業科目がそれを担っていましたが、現在は廃止されているため、ぜひ活学を通して学んでいただければと思います。
　ここでは魂魄について少しだけ触れておきます。

「魂魄」は「精神」と「身体」の両方を支えるとされており、生き抜く強さや理不尽に耐える強さ、粘り強さのことを意味しています。物事を成し遂げるのに必要なエネルギーであり、活力の源でもあります。
　魂魄があり、生きるエネルギーにあふれている人が多い成長社会では、自分勝手に動くと社会秩序が乱れるので、「もっと他人を気遣いなさい」「自分より相手を思いやりなさい」ということが社会

全体の良識ある価値観として浸透していました。

　しかし、成熟社会を迎えて魂魄のない人が増え、生きるエネルギーも邁進力も低下しているのに、成長社会の価値観のまま「気遣いの社会」を続けています。**他人を気遣い、思いやってばかりいると、自分の実存が失われやすくなり、自分軸で生きられなくなります**。他人を気遣いすぎる風潮が、実存的虚無感を増長してしまうからです。成熟社会で活力を持てるようになるには、自分軸を取り戻す必要があります。

■魂魄が育っている人

- 逆境になっても、複雑なことを言われても、それに耐え得る忍耐力がある
- 虚無感にのまれない強さがあり、自分の人生を自分で作っていくことができる
- ビジョンを成し遂げる力とエネルギーがある

■魂魄が育っていない人

- 忍耐力や生きるための底力がなく、目の前の問題からすぐに逃げ出す
- 虚無感にのまれやすく、「いつ死んでもいい」というような刹那的な生き方をしがちになる
- ビジョンを成し遂げる力とエネルギーがない

・魂魄が育たない理由

　魂魄は、思春期手前までに鍛えるとスムーズに育ちます。しかし、成熟社会ではうまく魂魄を鍛えられている人は少数です。その理由は、次の通りです。

・「自然な理不尽の反復」の不足

　昔は、日常的に自然な理不尽が反復して起こり、魂魄の鍛錬ができる機会にあふれていました。水道がなかった時代は、重い桶を担ぎながら家と井戸の間を何往復もして運ぶ必要がありました。洗濯機がなかった時代は、洗濯物を1枚1枚手洗いし、真冬なら川の水の冷たさに耐えるきつさがありました。お風呂を沸かす、薪割り、炊飯などの家事や移動も重労働でした。

　現代は物とサービスにあふれた便利な社会です。生活が楽になって、助かることがある一方で、理不尽の反復を味わう機会が大幅に減少しています。その上、**「子どもたちに理不尽なことをやらせるのはかわいそう」という見識から、理不尽はどんどん排除されています**。代わりに、社会全体として「自由に好きなことをやらせてあげよう」という価値観になっています。

　自由に好きなことをやらせてあげるのは悪いことではありませんが、自然な理不尽の反復が減ってしまったことで、子どもたちの魂魄が育たなくなったことも事実です。魂魄の鍛錬には、意味のある理不尽の反復を経験させることが必要だと覚えておいてください。

・周囲の大人との「心の摩擦」の不足

　現代は核家族となって両親は共働き、近所の人とは挨拶さえしないし、顔も名前もわからないということが珍しくありません。それに比べて、昔は三世代同居のように大家族で住んでいたので、子どもたちは親だけでなく祖父母からも生き方を学ぶことができました。また、「地域で子どもを育てる」という価値観があったので、地域の人々が近所の子どもの面倒を見たり、悪さをしたら叱ったりすることが一般的でした。子どもたちは多くの人と関わる中で、厳しいしつけをされることがある反面、温かい心の交流を育むことができました。

しがらみを含め、自分の周りをとりまく人々との間に起きる心の動きを「心の摩擦」と表現します。この心の摩擦こそが子どもたちの魂魄を育てるのに有益でした。

現代は、家族や地域の人々との縁や関係性が弱くなったことで、社会全体として周りの人間に興味や関心が薄くなっています。人との縁が薄れ、心の摩擦がなくなったことで、魂魄が育たなくなりました。

・成熟社会における魂魄の育て方

成熟社会における子どもの魂魄をどう鍛えればいいかと言うと、好きなスポーツや体を動かす中で身につけることが最も現実的です。剣道で竹刀を振り続ける、野球で素振りを続ける、グラウンドを何周も走り続けるといった、地味な反復行動が効果的です。特に山登りは、途中でやめたくなってもやめられない、登ったら登ったぶんだけ自分の力で下る必要があるという意味で理不尽であり、魂魄を鍛えるのに最適です。また、これらのことをともに行う仲間、コーチや監督などの大人との「心の摩擦」を通して、魂魄を鍛えることができます。

実は、大人になってから魂魄を身につけることは難しいと言われています。その理由は、大人はすでに知性が身についてしまっているからです。地味な反復運動をしていると「こんなことをして何の意味があるのだろう、もっと楽にできる別の方法でやろう」と頭で考え、逃げることができてしまいます。半面、知性がまだ身についていない子どもは、比較的理不尽な反復や心の摩擦を受け入れることができます。

魂魄を身につける作業は、理性、合理性、タイムパフォーマンスとは真逆の考えになるため、そのことを念頭に置きながら、大人は**知性で逃げないようにします。まずは目の前のことに集中し続けて**

みることが第一歩です。山登り、フルマラソン、座禅・滝行、何日にもわたるお遍路など、地味な反復運動が最適です。

これらの地味な反復運動にどうしても興味が持てない場合は、まずは何でもいいので夢中になれることに取り組んでみる方法をお勧めします。目の前のことに一心不乱に夢中になる、「今」に集中する力を身につけることも、魂魄を育てることにつながります。

大人が自ら魂魄を身につけ、その重要性を理解していくことで、子どもにも魂魄を身につける道筋をつけていくことができるようになります。

失われた日本人の精神性

成熟社会で多くの人々が活力を失い、実存的虚無感に陥った理由は、欲求の低下や国による共通のビジョンが与えられなくなったからだと説明しました。実はそれ以外にもう1つ大きな要因があります。それは**「教育」と「神話」の消失**です。

第二次世界大戦前の日本の小学校では、国史や修身という科目を教えていました。国史では日本の歴史、修身では人としてのあり方を学ぶことができました。

しかし、終戦後、連合国軍最高司令官総司令部（GHQ）は国史、修身、地理を軍国主義教育とみなし、授業を停止する覚書を出しました。これにより、それまで教えられていた国史と修身が日本の教育から消され、自分軸の基盤となる教育を日本人は失うことになりました。

修身と国史が停止されたときに、当時の地理も停止されています。現代の地理では日本が世界の中でいかに小さな島国であるか、ということから学びますが、戦前、戦中の地理では、自分の身近な地域から教え、そこから広がるように国全体について学べるようになっ

ていました。

「あなたの地域には何がありますか？」
「青森県はなぜ青森というのでしょう？」
「県庁所在地はなぜその場所にあるのでしょう？」

　このように自分の地域から始まり、自分の地域について考えさせる教育をしていました。自分を中心とした地域から広がるように日本全体について学ぶことができたので、地域や国に親近感が湧き、郷土愛や愛国心を育むことができました。

　現代の日本史では、大和魂といった日本民族固有の精神や知恵、才覚を学ぶことは残念ながらできません。**地域や日本と自分とのつながりを感じることが難しいため、歴史に興味を持つことも、自分の地域や国に親近感や愛着を持つことも難しくなっています。**

　修身、国史や当時の地理がGHQによって廃止されたことによって、一部の日本人は自分の地域に対する郷土心、国に対する愛国心を失ってしまいました。自分の住んでいる地域に興味が持てず、愛国心を持つことに抵抗感や罪悪感を感じる。このような状況で、自分の土台となる心の軸を得ることができるでしょうか。

　こうして私たち日本人は、自分軸を持つことが難しくなってしまいました。本来は、魂魄を持っている人たちが日本という国の仕組みを変え、外交も経済も強くして、**日本が世界の中でどのように発展していけばいいのかの道筋をつける必要があります。**「失われた30年」なども、魂魄の喪失と関係があります。

失われた「想像力」と「創造力」

　成熟社会では、あらゆるおもちゃや遊具が揃い、スマートフォンやゲーム機を使えば、高品質なゲームを手軽に楽しむことができます。

　かつては、新しい遊びを考えたり、遊ぶ道具がなければ自分で作ったりしていました。遊びを生み出すには「想像力」が、新たな遊具を作るには「創造力」が求められました。

　しかし、現代ではすでに多くの遊び方や遊具が用意されており、自ら考えたり工夫したりする必要がほとんどなくなっています。その結果、子どもの頃から「想像力」と「創造力」を発揮する機会が減少し、それに伴いこれらの能力も育ちにくくなっています。

　この2つの「そうぞう力」については、「4時間目　2つの世界を行き来する」で詳しく説明します。

　以上のことから、私たち日本人が実存的虚無感に陥り、活力を失っていること、そして個人の活力の低下が国力を弱めているということがおわかりいただけると思います。

自分のファンになるための ビジョンメイキング

1時間目にお伝えした通り、魂魄については各々が身につけていく必要があり、日本のルーツについては、ネットや本などを通して学ぶことができます。これらについては、ぜひ身につけていっていただければと思います。活学では、それ以外の「教育」に関係した部分をお伝えします。この時間では、「活学」を通して何が得られるのかをお伝えします。

「自分のファンになる」ために

　活学の目的は、実存的虚無感をなくし、自分の実存を感じられるようにし、活力を取り戻すことです。そして自分自身を信じて自分が幸せになることを応援できるようにします。言い換えるならば**「自分だけは自分のファンでいる」**ことのできる状態にしていきます。

　ファンというのは、叱咤激励したり、時には野次を飛ばしたりすることがあります。しかし、常にその人を信じて、一喜一憂しながら応援します。「自分だけは自分のファンでいる」というのは、究極的には、全世界が敵に回ったとしても、自分だけは自分の味方でいる、ということです。

「活学」を学ぶことによって、自分の欲求を見つけ、その欲求に従って自由にビジョンを描けるようになれば、自分のありたい姿、つまり**「自分がどのように幸せでありたいか」**が見えてきます。すると、**それを実現するために自分がやるべきことがわかり、そのための行動をし続けることができる**ようになります。それを実行する中で自然と活力が湧くようになります。

そのために本書の前半ではビジョンを通して活力を取り戻す方法についてお伝えし、後半は、「愛」や活学流の「共同体感覚」、「時間概念と因果関係」についてお伝えします。それらを学ぶ中で、自分で自分を愛し、自分のファンになれるようにしていきます。

「マインドの世界」と「リアルの世界」の概要

　肉体を持つ私たちは、五感を通していろいろなものを感じ取ることができるため、この現実世界がすべてのように感じます。しかし、**私たちは現実世界のほかにもう1つの世界を持っています**。それが精神世界です。
　活学では、**自分たちが生きる現実世界を「リアルの世界」、精神世界を「マインドの世界」**と言います。マインドの世界は目に見えませんが、リアルの世界に大きな影響を及ぼしています。
　2つの世界について、詳しくは第2部以降でお伝えします。ここでは簡単にさわりだけをお伝えします。

＜マインドの世界＞

図1　マインドの世界

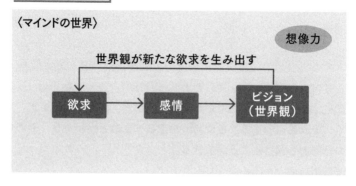

マインドの世界の要素は、「欲求」「感情」「ビジョン」の３つで、ビジョンを描くために「想像力」が大きく関係しています。

・欲求
「欲求」とは、「ビジョン」を作るエネルギーのようなもので、車で言うガソリンになります。ガソリンがなければ車は動きませんし、あるからといって正しく車が進むわけでもありません。詳しくは後述しますが、ここではエネルギーと思っておいてください。

・感情
　マインドの世界の「感情」は人間の動力源、車で例えるとエンジンになります。「欲求」というガソリンで動くエンジンです。感情の強さが動力の強さ（活力）に相当します。この動力を活かして自由なイメージをマインドの世界に想像していきます。

・ビジョン
「ビジョン」とはマインドの世界でイメージする自分そのもので、「世界観」とも表現します。ビジョンを持つことでマインドの世界での自分の存在が確定し、新たな「欲求」が生まれ、「感情」が深まります。そしてさらにビジョンが明確になるというサイクルを繰り返します。

＜リアルの世界＞
　リアルの世界の要素は、「入力」「価値観・信念」「感情」「行動」「結果」の５つです。「価値観・信念」は基本的にセットで使うので、１つのものと見なします。活学では、「価値観・信念」はリアルの世界の出来事や情報によって作られるものであり、リアルの世界のものだと考えます。

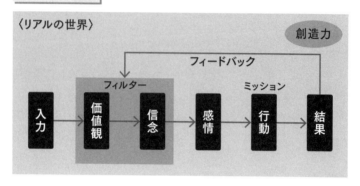

図2 リアルの世界

・入力

「入力」は、さまざまな出来事や他者の言動、情報、身体的な刺激などの外部から入ってくるものです。「告白をしたらフラれた」というように、「行動」の「結果」が「入力」となることもあります。

・**価値観**

「価値観」は、簡単に言えば「好き嫌い」であり、無意識に働く価値判断の体系的な考え方のことです。「好き」であれば関心を持つことで記憶に残り、「嫌い」であれば関心を持つことはなく記憶にも残りません。

このように、「価値観」は「入力」に対するフィルターのように働きます。例えば「健康」について興味（好き）があれば、健康についての情報に関心を持ち、記憶に残ります。「散歩は体に良い」という情報のように、「入力」が自分の「価値観」に沿っている場合、次の「信念」に進みます。一方で、「価値観」に沿わない場合はそこで「入力」が棄却され、「信念」に進みません。

・信念

「信念」とは、自分の行動基準となるもので、例えば「〇〇とはこういうものだ」「〇〇のはずだ」「〇〇するべき」「〇〇せねば」「〇〇してはいけない」「〇〇できる・できない」といった考え方を指します。

先ほどの例で言えば、「散歩は体に良い」という健康に関連した情報（入力）が、自分が元々持っている信念と合致した場合は正の感情として、合致していない場合は負の感情として次の「感情」へ進みます。

このように、「価値観」と「信念」はともに「入力」に対するフィルターのように働きます。

・感情

リアルの世界の「感情」は行動選択の基準であり、感情によって人のとる行動が決まります。「信念」によって正の感情が生じればそのまま受容・許可するような行動へ、負の感情が生じれば拒否や逃避といった行動につながります。

・行動

「入力」が「信念」に合致し、正の感情が生じた場合、それに即した「行動」を起こします。負の感情が生じた場合は、拒否行動をとるか、行動自体を起こしません。

「散歩は体に良い」という入力に対して自分が元々持っていた信念と合致し正の感情が湧いた場合、それを行動に移します。信念に合致せず負の感情が湧いた場合、行動を起こしません。

また、ビジョンを実現するためにも行動を起こすので、「行動」は「ミッション」と紐づいており、「創造力」とも大きく関係しています。

・結果

自分の起こした行動に対する「結果」を受けて、「良い・悪い」「成功・失敗」という判断が「価値観・信念」にフィードバックされます。そうして元の価値観・信念をより強固にする、あるいは追加や修正がされます。

「散歩をしたら気分が良くなり、体調も良くなった」などの効果（結果）があれば、「やはり散歩は体に良い」という判断が価値観・信念にフィードバックされます。

ビジョンメイキング図

前述したように、活学の目的は活力を取り戻すことです。そのためには、ビジョンを描き、実現のために「ミッション」を実行する必要があります。しかし、マインドの世界とリアルの世界の不一致やバランスの悪さから、「ビジョン」を描くことが難しい場合があります。

2つの世界のそれぞれの要素の関係性について示したのが、ビジョンメイキング図です。本書でも何度も登場しますので、ここで押さえておきましょう。

マインドの世界とリアルの世界、それぞれについてはここまでに説明した通りです。この**2つの世界を繋ぐのが「感情」**です。

「行動」は、最終的に「感情」によって決まります。つまり、**マインド側で「ビジョン」を描き、「マインド側の感情」から「行動」に移すことができれば、おのずとビジョン実現に近づいていくことができます。しかし実際には「マインドから生まれた感情」と「リアルから生まれた感情」が矛盾する**ことがあります。

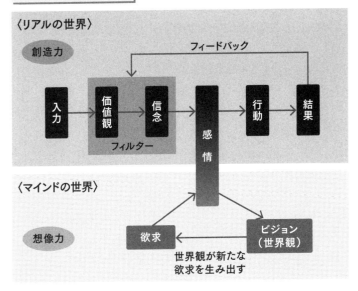

図3 ビジョンメイキング図

　その場合、それぞれの感情がせめぎ合い、より強い感情に沿って行動します。ただし、リアルの世界側でマインドの世界側より強い感情を持つのは容易ではありません。また、リアルの世界の価値観・信念が「感情」を通してマインドの世界に影響し、「ビジョン」を描けないこともあります。

ビジョンを実現するための手順と全体像

　本書では、ビジョンを描き、ミッションを実行するための方法をお伝えします。

■本書の構成

・活学の全体像を知る（第1部）
・「ビジョン」の種類を知り、「真のビジョン」を考える（第2部）
・自分の「欲求」を見つける（第3部）
・「真のビジョン」を実現できるように「行動」を起こす（第4部）
・「感情」をコントロールする方法を知る（第5部）
・「行動」を阻害する「執着」や「負の感情」に対処する（第6部）
・ビジョン実現のために「自分」と「他者」と「世界」とのつながりを理解する（第7部）
・「真のビジョンは叶えられる」という確信を持つ（第8部）

　活学では成熟社会において、ただ「生きる」のはもったいないと考え、「活きる」に変化することを目的としています。そのために、上記のようにビジョンを実現する方法を学んでいきます。

3時間目 活学の土台となる思考法

🖊 活学では、二者択一しかないような窮屈な考え方を、「片側しか見ない思考法」と呼んでいます。一方で矛盾した思考を同時に持つ柔軟な考え方を「相反する思考法」と呼びます。これらは、活学全体の土台となる考え方になります。

片側しか見ない思考法

「黒と白」のように、**相反するものを2つ並べたときに、片方だけしか見ずに一義に規定する考え方を「片側しか見ない思考法」**と呼びます（図4）。

例えば、「時間は守らなくてはいけない」というような考え方をしている人は、「当然」「常識」という感覚で瞬間的に判断するため、ほかの考えが入り込む余地がありません。

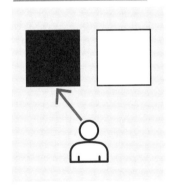

図4　片側しか見ない思考法

誰もが「〇〇したほうがいい」といった考え方を持っているものですが、その考え方に基づいた判断を繰り返し、その結果、安心・安全が担保されたと感じることで、**「〇〇するべき」**という思考が生まれます。

・家族を優先するべき

・働くべき
・人には親切にするべき

「○○するべき」という考え方がさらに強まると、**「○○せねば」「○○であらねばならない」**という義務意識になります。

・家族を優先するべき→家族を優先せねば
・働くべき→働かねば
・人には親切にするべき→人には親切にせねば

また、「○○せねば」は**「○○してはいけない」「○○であってはいけない」**などの思考に変換されることもあります。

・家族を優先せねば→自分を優先してはいけない
・働かねば→就職しないといけない
・人には親切にせねば→薄情になってはいけない

そこからさらに思考が凝り固まり、**「○○は○○だ（当然だ）」**という思考になると、そのことに対して注意を払わず意識もしなくなります。「あって当たり前」と考え、感謝も生まれず、感情も動かなくなります。

・家族を優先するのが当然だ
・働くのが当然だ
・人には親切にするのが当然だ

「片側しか見ない思考法」は、解釈（価値観・信念）も１つです。すると感じ方も１つになるため、思考が短絡的になります。一見効率

が良さそうに思えても、感情を豊かに感じる機会を失ってしまいます。

1つの考え方しか自分にゆるさないと、「こういう生き方しかない」「こういう生き方ができなければ不幸だ」と自分を追いつめてしまい、窮屈な生き方になります。加えて、1つの価値観に固執することは、他者にも自分と同じ価値観を強要することにもつながり、対人関係もうまくいかなくなります。

相反する思考法

これらを避けるための考え方が「相反する思考法」です。**相反するものを両方見て、理解・共感し、間にあるものも受け入れ、それらを1つのものとして俯瞰する**考え方です。次の3つの流れで思考することにより、窮屈な生き方から脱し、多くの可能性に満ちた豊かでゆとりのある生き方をすることができるようになります。

①「二律背反」

二律背反には、「すべてのものは2つに分かれる」という意味があります。**ある物事の片側しか見ていなかったのに対して、相反するもう一方の見方も受け入れる**思考法です（図5）。

光と闇、善と悪、粒子と波、攻守、売買、静と動のように、すべてのものは二律背反になっています。活学では、思考も二律背反になるのが自然だと考えます。

図5　二律背反

黒と白の両方が同時に見えている考え方

例えば、コップに半分入った水を、「半分もある」と見る人がいれば、「半分しかない」と見る人もいます。どちらかの見方だけではなく、「半分しか入っていないとも言えるし、半分もあるとも言える」というように、2つの見方を同時にできることが重要です。

■二律背反の例

・磁石：N極とS極に分かれているが、半分に割っても単極にはならない。磁力線はN極からS極に流れる
・電池：プラス極とマイナス極が存在する。電流は、プラスからマイナスに流れると定義され、電子はマイナスからプラスに流れる

　さまざまな「価値観・信念」についても、二律背反の考え方で見れば2つの側面があることがわかります。

・「家族を優先することは、良くもあり悪くもある」
　家族の健康や安全を守るために、家族を優先するのは良いことだ。しかし、家族を優先にし、家族に対して過保護になることでその人の自立を妨げる可能性もある。

・「嘘をつくのは、良くもあり悪くもある」
　相手を傷つけないための優しい嘘はついてもいいが、人に不利益を与えるような嘘は良くない。

　ただし、相反する思考法を持ちづらい価値観・信念もあります。特に、長い間「こうあるべき」「こうあらねば」と一義的に考えてきたことについては、その反対側を「よし」とすることに対して、大きな抵抗感を感じるはずです。まずは反対側を「よし」とすることを、感情を入れずに機械的に行う練習から始めてみましょう。練習

することで二律背反が瞬時にできるようになっていきます。

・誰かに二律背反を示すとき

相反する思考法を実践していく中で、誰かに二律背反を提示することがあるかもしれません。このとき、片側しか見えていない人に反対側の考え方を伝える上では注意が必要です。**伝える側が二律背反を等しく見ていないと相手に納得されることはなく、二律背反を受け入れてはもらえません。**

例えば、社会人になったばかりの息子が、「会社を辞めたい」と言い、親が「会社を辞めるのは良くない。勤務し続ければこんなメリットがある」と止めたとします。このとき、親が「会社を辞めたいという息子」という負の部分を見たくないからと、安易に会社を続けるメリットだけを伝えたのだとしたら、息子の心には届かないでしょう。反対側の考え方を提示した理由が、息子が会社を辞めることに対する「拒否」だからです。

拒否するということは、「会社を辞める」ということを親自身が受け入れられない、つまり、片側しか見ない思考法に陥っています。反対側の考え方を提示する際には、相手の思考も受け入れる必要があります。「会社を辞める」「会社を続ける」の両方を受け入れることができていないと、二律背反は成立しません。

②「万物流転」

二律背反によって、ある物事の両面を同時に見ることができた後に、万物流転に進みます。万物流転とは、この世にあるすべてのものは1つの状態には定まらず、常に変化し循環している、ということを意味します。

相反する思考法における万物流転も同様で、**双方の考えを行き来し、その物事が循環していることに気づく**思考法です（図6）。物

事には良い面と悪い面があり、中庸もあります。思考が偏らず、流れていくように両極面との間を行ったり来たりできるようにします。

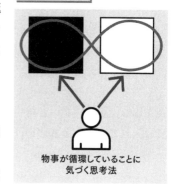

図6 万物流転

■「万物流転」の例

- 水：水道→下水→海→蒸発→雲→雨→川→水道
- 電流：プラスから出た電流は電球を光らせてマイナスに戻る
- 磁力線：N極からS極に流れ続ける

　沼と川では川のほうが水は清らかです。沼は川に比べて水の流れが少ないため、水は淀みます。思考も流すことが大切です。1カ所の思考に留まろうとすると、思考が淀み、「執着（15時間目）」となります。

　価値観・信念も、変化するものだと捉えます。物事はすべて相反しており、明確に区別されているものはなく、全体の流れの中で、観察するその瞬間に決められているにすぎません。時代背景、状況、環境、体調、場所、文化など、さまざまな要因が流れて変化しており、その瞬間でしかそのものを判断できないということです。

■時代とともに価値観が変化した例

- 昔は「物は大事にしなさい」と教わった。今は「断捨離」がもてはやされている
- 昔は結婚することが当たり前のように言われていた。今は多様性が認められ、「結婚しないの？」と言えばハラスメントになる可

能性もある
・昔は教師による体罰は珍しくなかった。今は教師が体罰をしたら処罰が与えられる

・万物流転の流れ

　黒と白の二律背反を考えたとき、間にはグレーが存在します。グレーにもいろいろな種類があり、どちらがより白に近く、どちらが黒に近いのか、2つを比較することで判断ができます。

　二律背反で、図7の①と②を同時に見てみます。同様に③と④、⑤と⑥、⑦と⑧を見てみます。そこからさらに、②と③、④と⑤というように、組み合わせを変えていくと、一度黒に近いと判断したものが、比べるものによっては白に近い場合も存在します。絶対的に白黒が決まるものではなく、黒から白に、白から黒に移っていく間に存在しており、流れの中の1つであると考えることができます。これが万物流転です。

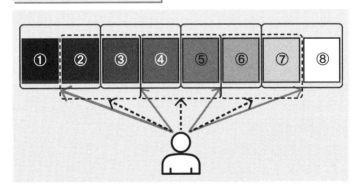

図7　二律背反をいくつも並べる

　例えば、「夜明けは明るいのか、暗いのか」という問いがあります。夜明けは夜と比べれば明るく、昼と比べれば暗いはずですが、片側

しか見ない思考法の人が、「夜明けは明るい」としか考えておらず、「昼と比べれば暗い」という選択肢をまったく見ていなかったとします。

そこから、二律背反で「夜明けは暗い」という側面も見ることができるようになると、「明るい」と「暗い」の２択になります。比較があちこちで生まれると、明るいのか暗いのか、どちらかに定めることはできず、太陽の動きの循環（万物流転）の中の一時点であることがわかります。**二律背反を繰り返していくことで、万物流転に気づく**ということです。

③「矛盾統合」

相反する思考法の最終段階は、矛盾統合です。矛盾したものを１つに統合して捉える考え方のことです。

万物流転を理解すると、二律背反はその時点での基準で矛盾をはらんで背反しているにすぎないことがわかります。矛盾統合では**複数の二律背反を矛盾を抱えたまま並べ、淀みのない１つの流れ（万物流転）と捉えます。**

ことわざを例に見てみましょう。片方だけ聞いたら「なるほど」と思いますが、その反対を聞くと「それも言えるな」と考えることができます。「どちらもOK」と受け取れることがポイントです。

■矛盾統合の身近な例
・「三度目の正直」「二度あることは三度ある」
・「急がば回れ」「善は急げ」
・「果報は寝て待て」「蒔かぬ種は生えぬ」

このように、ことわざには矛盾したものが同居して存在すること

がゆるされており、ことわざという1つの言葉に統合されていると考えられます。

・「区別」と「区分け」の違いを理解する

　万物流転から矛盾統合の流れを理解するためには、「区別」と「区分け」の違いを知る必要があります。

　区別とは、あるものとほかのものとの違いを認めて、両者をはっきり分けること。一方、区分けとは全体をいくつかの部分に分けることです。

　以下に矛盾統合の流れを説明します。

❶矛盾統合（区分けあり）

「矛盾統合」では、二律背反をたくさん並べて1つの塊とします（図8）。ここでは、区分けも区別もあります（境界はあるが隣同士くっついている）。矛盾は明確ですが、統合はできている状態です。

図8　矛盾統合（区分けあり）

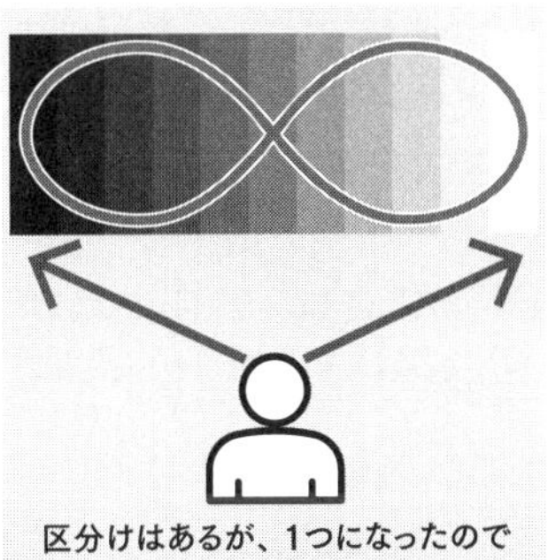

区分けはあるが、1つになったので統合はできている

❷矛盾統合（区分けなし）

　ここで二律背反を増やして、区別ができなくなるほどに色の違いをなくしていきます（図9）。グラデーションが滑らかに変化する状態にしていくと、隣同士の色の区別はつかなくなり区分けもなくなります。区別がつかないということは比較ができないということであり、比較できなければ区別はつきません。

047

相反する思考法は「物事の捉え方」です。物事は、比較することでしか判断できません。上がなければ下は存在できないし、表がなければ裏は存在できません（逆も同様）。比較しないと正しいか間違っているか判断できないとしたら、それは同時に正しくもあり、間違ってもいるということです。そして、**区別できているものを突き詰めていくと、区別と区分けがなくなり、1つの滑らかなグラデーションの状態で矛盾統合される**のではないかと考えます。

図9 矛盾統合（区分けなし）

滑らかなグラデーションの状態で矛盾統合

　ここまで、便宜上、❶と❷を分けて説明していますが、実際には、段階を踏まずに一気にできます。

❸矛盾統合し、名前がついた1つの塊となる

　相反する思考法によって矛盾統合をすると1つの塊となって名前がつけられます（図10）。

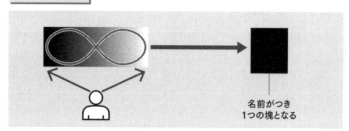

図10 矛盾統合

名前がつき
1つの塊となる

例えば、N極とS極を持つものには「磁石」という名前がつき、＋と－があって電流が流れるものには「電池」という名前があります。このように1つの名前がつくと統合されたと認識できます。

　この流れについて、「メビウスの輪」を例に考えてみましょう。メビウスの輪とは、帯状の長方形の片方を一度ねじって貼り合わせた輪のことです。「こちらが表」「こちらが裏」というように、観察している時点で表と裏を区別することはできます。しかし、表をたどっていくといつの間にか裏となり、裏をたどっていくといつの間にか表になります。メビウスの輪には、表も裏もないと言えます。

　メビウスの輪の表側、裏側を歩いてきた人がそれぞれ反対方向に歩いて行くと必ず相手にぶつかります。そのときに「私は表を歩いていた」「私は裏を歩いていた」とお互いの主張がぶつかることになります（図11）。

図11　メビウスの輪

　メビウスの輪のように矛盾が統合された状態では、自分の考えを主張することに意味がありません。矛盾したときに争うのではなく、矛盾を受け入れ、「矛盾が生じているということは区別のないものである」ということを認識すれば、お互いの主張は意味をなさない

とわかります。**「表でもあり、裏でもあるのか。それなら表でも裏でもどっちでもいい」**と思えば、矛盾統合したことになります。

❹矛盾統合（次の次元へ）

1つの塊になると、「そもそも、なぜこちら側しか見ていなかったんだろう」と気づき、次は1段上の階層で二律背反を作ることになります。これを、相反する思考法における「次元上昇」と言います。その結果に対してまた二律背反が適用されると、もう片方が生まれ、思考の次元がさらに上がります（図12）。

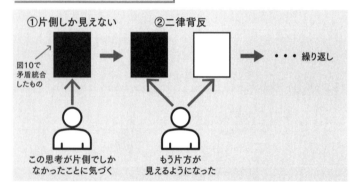

図12　相反する思考法の次元上昇

1つの矛盾統合が終わり、次元上昇を繰り返すとより広い視野で物事を見ることができるようになります。専門的になりますが、この考え方はヘーゲルの弁証法のアウフヘーベンとは少し違います。矛盾を融合したり、共通項を探したりするわけではないので、矛盾は矛盾のまま残ります。

・相反する思考法の具体例

具体的な例をもとに、「相反する思考法」の一連の流れを見てみま

しょう。ここでは少年犯罪の問題を考えるとします（図13）。

❶二律背反
「少年犯罪には厳罰を！」と**「少年犯罪には更生を！」**という対立意見があり、これが二律背反となっています。

❷万物流転
　個人的な意見はあるとしても、万物流転の考え方をすれば、**どちらも正しく、どちらが正しいとも言えない**ことがわかります。
「厳罰とは何か」「更生は何を基準に行うのか」など細かく二律背反を作り、厳罰と更生の間を埋めて流れを生み出していきます。

❸矛盾統合
　万物流転を進めていくと、矛盾を統合することができます。この例では厳罰も更生も、二度と犯罪を起こす気持ちにならないために行われます。どちらも目標は、少年が犯罪を起こさないということです。互いに反しているものでも、矛盾は統合されていきます。ここでは**「少年犯罪のある社会」**と名前をつけ、矛盾統合しました。

❹思考の次元上昇
「少年犯罪のある社会」と矛盾統合しましたが、「そもそもなぜ少年犯罪があることを前提に考えていたんだろう？」と気づくと、次の二律背反**「少年犯罪がない社会」**が見えてきます。相反する思考法における次元上昇です。
　このように、相反する思考法では次元上昇を繰り返していきます。目的は自身の片側しか見なかった思考の枠を外すことであり、好きなところで次元上昇は止めてしまって構いません。

図13　相反する思考法の流れ

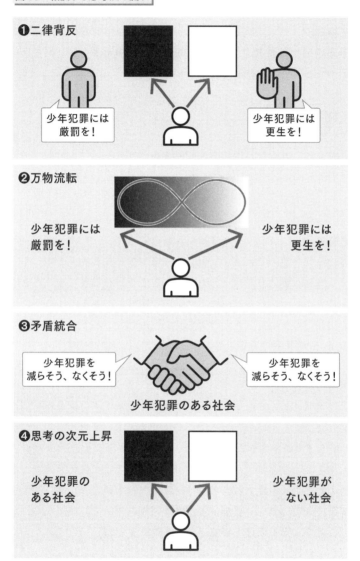

相反する思考法のメリット

　ここまで、「相反する思考法」の流れを見てきました。相反する思考法は活学の土台となる考え方であり、この思考法を知ることで以下のようなメリットが生まれます。

①拒絶がなくなり、豊かな生き方へ
「黒と白」のように、二者択一の状態では、「間」は受け入れられないことになります。矛盾統合し、拒絶がなくなると「どれでもOK」の状態になります。他者を理解し、他者に共感することができますし、1つのものに固執したり執着したりすることがなくなるので悩みが減ります。**多くの感情を味わい、多くの風景を見て、人生を豊かに感じることができるようになります。**

②多くの選択肢から自由に選び取る満足感を味わえる
　片側しか見ない思考法では、1つの選択肢しか見えないため、それ以外を選びようがなく、諦めのような感情を持ちがちです。一方で相反する思考法では多くの選択肢を持つことができます。その中から1つを選んだ場合、「好きなものを選べた」という納得感と満足感を得ることができます。

　色鉛筆を例に考えてみましょう。色鉛筆が1本しかなければ、「選びたくてもその色しかなかった」という不満感や仕方のなさを味わうことになります。12色あれば、そこそこ十分な色の絵が描けそうです。36色あれば、**複数ある色の中からベストな色を選んだという納得感を得られます。**また、自分で「この色を選んだ」という自信が湧けば、覚悟を決めて絵を描き進めることができるでしょう。

③人と衝突することがなくなり、対人関係も良くなる

　相反する両方の考えを持つことができれば、多くの人の意見は、二律背反した意見の間の中のどこかに存在していることがわかります。どの意見も理解し共感できることで、**人と衝突することが減り、対人関係も改善**します。

図14　片側しか見ない思考法と相反する思考法

思考法	生き方	特徴
片側しか見ない思考法	もったいない生き方	黒か白のどちらかしか見ない
相反する思考法	豊かに感じられる生き方	グラデーションを1個として見る

　一方で、選択肢を狭め減らすことで考えることを極力避けたい、タイムパフォーマンス重視の人がいることも活学では否定しません。片側しか見ない生き方が悪いわけではありませんが、多くの選択肢を持つことができるのに、それをしないのは「もったいない」と活学では考えます。

　複数の選択肢を持ち、どの選択肢も受け入れることができれば、それらの中から選択し続けることができます。ほかの選択肢が必要なら自ら作ることもできます。自分で決断をし、自分で進むことができるようになれば、自信も湧き、活力を持って生きることができます。

第2部

活力の源泉となる
「ビジョン」を描く

2つの世界を行き来する

私たちは「マインドの世界」と「リアルの世界」で生きています。マインドの世界でビジョンを描き、それを実現するためのミッションをリアルの世界で実行します。ただし、成熟社会ではビジョンを持つことが難しくなっています。その理由について考えていきます。

「マインドの世界」と「リアルの世界」

私たちは、「マインドの世界」と「リアルの世界」という2つの世界で生きています。この2つは、内面で相反しながら共存しており、この2つの世界を滑らかに行き来できるようになることが理想です。

・マインドの世界

自分の頭の中で思い描く想像の世界のことを、「**マインドの世界（世界観）**」と呼びます。肉体が作用せず、制限を伴わない自由な世界です。**人は、ここでビジョンを描きます**。ビジョンは、潜在意識の中に存在し、顕在意識で知覚します（20時間目）。

マインドの世界に時間概念と因果関係は存在しません。順序順番に縛られず「現在」「過去」「未来」が同時に存在し、それらを自由自在に行き来できます。ビジョンを描くと同時に、（イメージの中で）ビジョンを達成することができます。とはいえ、マインドの世界では五感を伴わないため、マインドの世界の中でのイメージを経験として体で感じることはできません。

マインドの世界については、現段階では理解が難しいと思います。本書全体を通して説明していきますので、ここではざっくりと捉え

ておいてください。

・リアルの世界
　私たちが暮らす現実世界のことを「リアルの世界（現実世界）」と呼びます。自分の能力、環境、境遇、お金、時間、場所、距離、人脈、容姿、言語、性別などの制限を伴う世界であり、外界を顕在意識で認識し、創造していきます。時間は一方向に流れ不可逆であり、現在、過去、未来と認識しますが、肉体は「今（現在）」にしか存在しません。

　マインドの世界で描いたビジョンを実現するために、人はリアルの世界で行動を起こし続けます。自分の命を使って行動を起こし続けることから、「ミッション（使命）」と言います。

　リアルの世界には時間概念と因果関係が存在し、原因があるから結果がある、というように順序順番に縛られます。そのためビジョンを達成するには、多かれ少なかれ、経験を積み、練習や回数を重ねることが必要です。

図15　マインドの世界とリアルの世界

	マインドの世界	リアルの世界
制限	ない	ある
五感	伴わない	伴う
時間	存在しない ・時間を自由自在に飛べる ・可逆性 ・「現在」「過去」「未来」が同時に存在する	存在する ・一方向 ・不可逆性 ・「今」しかない
因果関係	ない（順序順番に縛られない）	ある（順序順番に縛られる）
世界のある場所	潜在意識	顕在意識
どういう場所か	ビジョンを描く場所	ミッションを実行する場所
ビジョンの達成	瞬時に達成することができる	・すぐに達成できるとは限らない ・達成できる場合とできない場合あり

リアルの世界は五感を伴うため、経験したことを体で感じることができます。その感動を味わうために、人はミッションを起こし続けていると言っても過言ではありません。

・ビジョンとミッションの関係

マインドの世界で描くビジョンと、リアルの世界で行うミッションの関係を見ていきましょう。**ミッションを行うとき、人はリアルの世界とマインドの世界を常に行ったり来たりしています。**

例えば、ギターをうまく弾けるようになりたいと思ったら、ギターをうまく弾いて楽しんでいる自分をマインドの世界で想像します。マインドの世界では一瞬でギターをうまく弾くことができます。これがビジョンです。

次に、マインドの世界で描いた通りにリアルの世界でうまくギターを弾こうと思っても、すぐには実現できません。ビジョンを達成するには、練習したり学んだりすることが必要です。これがミッションです。

「マインド」と「リアル」を一致させる

「ビジョンを達成する」ということは、マインドの世界とリアルの世界にギャップがなくなることです。

マインドの世界でビジョンを描くだけでは、想像上のイメージのままです。**「リアルの世界もマインドの世界と同じにしたい」と、ギャップを埋めるためにミッションを実行**します。そうして自分が思い描いたビジョンとリアルの世界が一致するまでにさまざまな感情を味わい、一致したときには大きな喜びや満足感を得ることができます。

その後は、2つの世界が一致した状態を維持したり、さらに発展

させたりしてもいいでしょう。新たなビジョンが生まれれば、それを実現するためのミッションを行います。何度も新たなビジョンを作り、ミッションを繰り返していきます（図16）。

図16　リアルとマインドの世界を一致させる

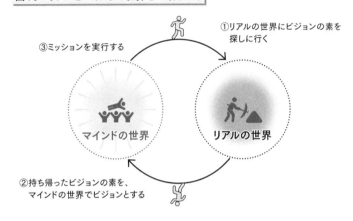

　ロールプレイングゲームを例にして考えてみましょう。主人公は、最初はレベルも経験値も低いので、戦っても負けてばかりです。しかし、プレイヤーは主人公が勇者であることを最初から知っています。そして、ゲームを続けるうちに、イベントをクリアしながら多くの敵を倒して経験値とレベルを上げ、ついには魔王を倒します。

　自分の世界がリアルの世界に大きく偏っている人は、現実主義で、世間一般のステレオタイプ的な幸せ像を追ったり、周囲で起きていることのみに反応しがちです。

　良い学校を出て、良い会社に就職し、良い人と結婚し、子どもを産み育て、孫の世話をしながらのんびりした老後を過ごす。そのような幸せのイメージを持つことが問題だというわけではありませんが、本来ビジョンはマインドの世界で自由に描くものです。誰かに

価値観・信念を刷り込まれ、リアルの制限に縛られた幸せ像であれば、真のビジョンにはなり得ません。

　一方で、現実が伴わず、マインドの世界に大きく偏っている人は、空想家になりがちです。リアルの世界でミッションを実行することはできません。

2つの「そうぞう力」

　マインドの世界とリアルの世界のギャップを埋める、ビジョンを描いてミッションを達成する。そのために必要なのは2つの「そうぞう力」です。

・想像力でビジョンを描く

　まず、リアルの制限のないビジョンを描くには「想像力（イマジネーション）」が必要です。

　一般的に、ビジョンは実現までの道のりが遠いときにはぼんやりと、実現が近づけば近づくほど明確にイメージを描けるようになります。しかし、**ビジョンまでの実現が遠くても、想像力が強ければ五感で感じるようなイメージを描くことができ、ビジョンを達成する力も強くなります。**

「シェフになって自分のお店を持ち、活き活きと楽しく働いている自分」というビジョンで考えてみましょう。

　このビジョンを持つ人が、もし次のように思っていたら、描いたビジョンを自分で打ち消してしまいます。

・自分のお店を持てるような資金を用意できそうもない

・自分のお店を持てるほどの腕前ではないし、これからも疑問だ
・自分のお店を経営していくためのノウハウが自分にはない

　イメージをうまく膨らませるコツとしては、想像力を使って五感で感じ、自由に発想することです。具体的には、「自分のお店で、自分が作った料理をたくさんのお客さんが楽しそうに食べている」イメージを**視覚**で描く、「ナイフやフォークの音に混じる笑い声や話し声、店に流れるBGM」を**聴覚**でイメージする、「店内に充満する料理の香り」を**嗅覚**でイメージする、「自分が作った料理の具体的な味」を**味覚**でイメージする、「野菜の皮をむくときの触感、料理を運ぶときの皿の触感」を**触覚**でイメージする、といったことです。
　ビジョンによっては五感で感じづらい感覚もあるかもしれません。そのときには、ビジョンを達成して仲間と乾杯しているときのシャンパンなど、こじつけでもイメージできるといいでしょう。

・創造力で行動を起こす
　マインドの世界とリアルの世界とのギャップを埋めたいと思ったとき、人は「創造力」を使って行動を起こします。
　創造力はミッションと紐づいています。ビジョンとリアルの世界のギャップを埋めるためにどうすればいいか創造力を使って考え、リアルに近づけていきます。
　例えば、ビジョン達成に必要な人脈をまだ持っていない場合、人脈を作る方法について創造力を使って考え実行します。ビジョンを達成するための技量が足りていないのであれば、創造力を使って技量を身につける方法を考え、実行します。

　「シェフになり自分のお店を持って活き活きと楽しく働いている自分」というビジョンを持つ人であれば、創造力を使って下記のよう

なことをすることで、ビジョンに近づくことができます。

・人脈を作る、使う
・資金を調達する
・料理を作る、盛りつけのセンスを学ぶ、レシピを考案する
・どんなお店にするか考える

2つの「そうぞう力」が失われた理由

　子どもの頃、秘密基地やおままごとをして遊んだことがある人は多いと思います。

　頭の中ではかっこいい秘密基地を思い描きながら、リアルの世界では公園の土管に段ボールを持ち込んで秘密基地にする。もしくは、素敵なキッチンでキレイなお皿に美味しそうな食べ物が並んでいる様子をイメージしながら、リアルの世界では公園の砂場で、葉っぱのお皿に砂団子。どちらも、見た目は良くないのになぜか楽しかったはずです。

　人は本来、マインドの世界観をリアルで実現することを楽しいと思い、そのためのミッションを夢中になって実行し続けることができます。ところが成熟社会では**ビジョンを描けず、ミッションを実行できない人が増加しています。その理由は、「想像力」と「創造力」を失ったからです**。ではなぜ、2つの「そうぞう力」を失ってしまったのでしょうか。

①差し迫るほど困っていないから

　戦後は、住居・衣服はもちろん明日の食べ物にも困り、常に不安にさらされていました。目の前のことをこなすのに精一杯の毎日で

した。

　それが成長社会になると、物とサービスが加速度的に充実していき、「これが欲しい、手に入れるためになんとしても稼ごう」というような強い欲求が生まれてきます。

　しかし、**成熟社会になるとすでに不足、不満、不便は解消され、十分満足できる生活を送っているため欲求が生まれづらくなります。**欲求が生まれなければ、「こういうふうに生きたい」という想像力も働かなくなります。

②成熟社会に合わせた教育がなされていないから

　成長社会を「物による豊かさこそ幸せ」という「物質社会」とすれば、**成熟社会は漠然とした「不安」だけが残った「精神社会」です。**社会が変化したならそれに合わせて教育も変えていかなければいけないのに、「物質社会」のときのまま変わっていないのが実情です。自分を構築する教育がなされないまま自分軸を持っていない人が「自由にビジョンを描いていいよ」と言われても、かえって苦痛を感じてしまいます。

　戦後から現在まで、「精神（マインド）」についての教育は以前の教育のレベルまで踏み込むことができていないのが実情です。「精神社会」のための教育がされておらず、多くの日本人はマインドの世界をどう扱っていいかわからなくてなっています。そのため、**リアルの世界にのみフォーカスすることでマインドの世界を切り離し、想像力を失ってしまいました。**同時に、生き方に悩む人が増え、実存的虚無感に陥る人も増加しています。

③感情をスムーズに出さなくなったから

　学校では、集団生活の中で生徒たちをまとめるため、先生は「大人しくしなさい」と指導してきました。生徒としても先生の言うことを聞いていれば褒められるので、良い子を演じるようになります。

　しかし、「大人しくする」ということは、欲求や感情の抑圧につながります。**過度に抑圧されると欲求や感情を持つことへの抵抗感が刷り込まれ、「想像力」を失わせる要因になっていきます。**

　また、感情をスムーズに出さないことでビジョンが広がらなくなり、欲求が減少します。マインドの世界観が広がらなくなれば、何かを「創りたい」「生み出したい」という「創造力」も失うことになります。

④価値観・信念を刷り込まれ、物事を多面的に見ることができないから

　人は親も含め他者から価値観・信念を刷り込まれます。刷り込まれた価値観・信念により、物事を一義的にしか見ることができない人は、何事も「こうするのが当然」「これはこうあるべきだ」というように考え、**ほかの選択肢について考えなくなります。そのため、思考が停止してしまい、想像力と創造力が働かなくなります。**

⑤人間関係が希薄化しているから

　以前は多くの人が同じテレビ番組を見ていて、「昨日、あの番組見た？」と会話が膨らむことがよくありました。今は、同じテレビ番組を見るどころか、テレビを見ている人自体が減少しています。各種動画配信サービスが増え、SNSも多様化しています。

　このように、成熟社会は多様性が増し、個別化が進んだため、人との共通部分が少なくなっています。共通する部分がなければ会話

やコミュニケーションが減り、孤独感が増していきます。孤独感が
あまりに強くなると、どう生きていけばいいのかわからなくなり、
生き方の正解探しを始めることがあります。**正解のレールを歩こう
とすることで、想像力と創造力を使わなくなります。**

　また、人間関係が希薄化したことによる地域共助が失われたこ
とも深く関わっています。　何でも「自己責任」という風潮になると、
自助努力で生きざるを得なくなります。守りに入った生き方になる
ことで、想像力と創造力を使わなくなります。

⑥ルーチンワークで過ごしているから
　ある小学生の一日を想像してみましょう。朝起きて、朝食を食べ
て学校に行き、帰ってきたらおやつを食べて塾に行き、帰宅して夕
飯を食べて宿題をして、明日の準備をして、お風呂に入って寝る。
　大人はどうでしょうか。起床し、朝食を食べて通勤し、仕事をし、
ときどき残業をして帰宅。家に帰ったら晩御飯を食べて、お風呂に
入って寝る。

　このように、**毎日のルーチンに従って生活し続けると、その過ご
し方に疑問を感じなくなります。**同じ生活が続くと、効果、効率、
メリット、デメリットを基準に動くようになり、目の前の行動にの
み注力するようになっていきます。そうして想像力と創造力を使わ
なくなります。

⑦他人との比較をするから
　大人になるにつれ、勉強、運動、仕事、性別、年齢、見た目など、
他人と比較して自分をポジショニングするようになります。現代で
は、インターネットの普及がそれに拍車をかけています。SNSな

どで身近な人の近況を知ることで、「友人にはあるのに、自分にはない」「友人は幸せそうなのに、自分は幸せではない」「友人は充実しているのに、自分は充実していない」と比較してしまいます。

自分が興味のあることにさえ「（他人と比較して）自分には無理だ」と制限を与え、行動を起こさなくなることもあります。 また行動したとしても、何度も同じ失敗を繰り返すと、「自分には向いてない。無理」というように、その分野での創造力をなくしてしまいます。いくつかの分野で「うまくいかなかった」という体験が増えると、「自分なんて何をやってもダメ」というように、**「試す」「やってみる」ということ全般において消極的になり、さらに創造力を失ってしまいます。**

⑧下位の欲求に引きずられるから

　人が持つ欲求について、「マズローの欲求5段階説」（8時間目）が有名です。**人間の欲求は5段階のピラミッドのように構成されていて、低階層の欲求が満たされると、より高い階層の欲求を欲する**というものです。

　例えば、家が経済的に不自由で生きることに精一杯、あるいは育児放棄をされた場合、「生存欲求」が脅かされます。家庭内暴力があれば、「安全欲求」が脅かされます。クラスで同級生とうまくいっていない場合は、「所属欲求」が満たされません。
　下位の欲求が脅かされると、その欲求を満たすことで精一杯になり、世界観が広がらなくなってしまい想像力を失ってしまいます。

　このように、人が「想像力」と「創造力」を失う理由は多岐にわたります。成熟社会であるがゆえの要因が多いこともおわかりいただ

けると思います。

活学では、下記のような方法で「想像力」と「創造力」を取り戻すことが可能です。

- **感情のスムーズな出し方を知る**
  第5部「感情」のコントロール方法を知る
- **価値観・信念の幅を広げ、物事を多面的に見る方法**
  3時間目 活学の土台となる思考法
  20時間目 顕在意識と潜在意識
- **自分と他人を比較をしなくなる方法**
  3時間目 活学の土台となる思考法

5時間目 ビジョンのさまざまな形

　マインドの世界では、良くも悪くも自由にビジョンを描くことができます。そのため、絵に書き損じがあるように、ビジョンにも書き損じに近いものが存在します。「ビジョンと言えばビジョンだけど……」というものも含めて、1つずつ種類分けします。

正のビジョン

　正のビジョンは、「ワクワクする」「心地良い」「うれしい」「楽しい」「好き」など、正の感情を積み重ねてできています。感情のない状態を0とし、人生において中心軸となる「真のビジョン」を描いているときの感情を100としたとき、その間にはたくさんの正の感情が積み重ねられています（図17）。

図17　正のビジョンができるまで

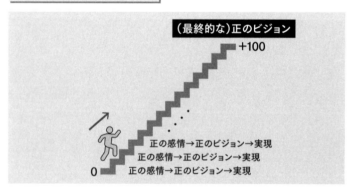

　階段1段につき「正の感情→正のビジョンを描く→実現する」と

いう流れがあります。**ビジョンを実現すると、価値観・信念に正のフィードバックがなされ、次の1段でまた別の正の感情と正のビジョンが現れます。**

　例えば、子どものときに自分が初めて作った料理が家族に喜ばれ、褒められたとします。うれしくなって料理が好きになり、「料理を作ることにより家族に喜んでもらえる」というビジョンが描かれます。

　そのビジョンが実現すると、次は家族だけでなく友達にも喜んでほしいというように、「正の感情→正のビジョンを描く→実現する」という流れが繰り返されます。大人になるにつれて能力も上がり、少し遠い未来に向けてもビジョンが描けるようになります。このようにして、いつしか「シェフになる」という最終的なビジョンを描くようになります。

　感情を強く動かすような強烈な出来事がない限り、子どもの頃に最初から「シェフになる」というようなビジョンを描くことはほとんどありません。多くの場合は、そのときどきに正の感情を味わい、正のビジョンを描き、実現していく経験を積み重ねることで、「シェフになれたらいいなあ」とぼんやり思うようになり、そこからも階段を上がっていくことができれば、「シェフになる」という正のビジョンを描くようになります。

　このように、正の感情を積み重ねてできたものが「正のビジョン」です。

負のビジョン

　負のビジョンとは、負の感情を積み下げて作ったビジョンのことです。不安、恐怖、劣等感、嫉妬、妬み、恨みなどの負の感情が

根源にあり、これらが執着になっています。正のビジョンのように、「正の感情→正のビジョン→実現」を1段ずつ体験して階段を上がっていくのとは反対に、**負の感情を味わって階段を下がってきます**（図18）。

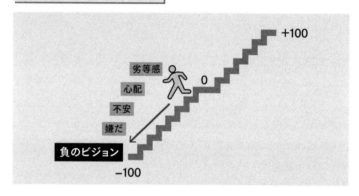

図18　負のビジョンができるまで

　学生の頃、多くの人の前で自分の意見を話すときに注目を浴びて緊張してしまい、うまく話せなかった人がその後も同じような機会でうまく話せなかったことが何度かあったとします。
　これは、「負の感情→負のビジョンを描く→実現する」という流れが繰り返されたということです。こうして「自分は人前で話すことに向いていない。できない」という「負のビジョン」ができてしまいます。

　実は、**日本人は負のビジョンを描きやすいという特性があります。**
　精神の安定や心の安らぎには、「セロトニン」という脳内物質が関与していることが知られています。その分泌量を調節しているのが「セロトニントランスポーター」という遺伝子で、SS型、SL型、LL型の3種類があります。LL型の遺伝子を持つ人はおおらかで楽

天的、SS型の人は不安を感じやすく、うつ病の発症リスクが高いと言われています。

日本人は、SS型遺伝子を持つ人の割合が、世界で最も高い民族とされています。このような要素から見ても、日本人は特に注意が必要です。

偽りの正のビジョン

偽りの正のビジョン（正に見せかけた負のビジョン）とは、見た目は正のビジョンに思えるのに、実体は負のビジョンになっているものです。**0から負の感情を積み下げて、そこから一気に正の感情に逆転させることで作られています**（図19）。

数式に表せば、一度「-100」まで落ちた感情に「-1」をかけて、一気に「+100」にする（-100 × -1 = 100）イメージです。

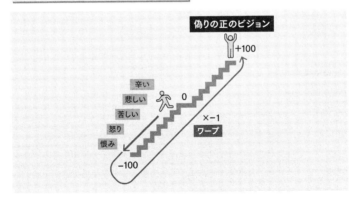

図19　偽りの正のビジョンができるまで

「-1」をかけるということにはさまざまなパターンがあります。例えば、「自分が助けてほしいときに助けてもらえなかった」という経

験を持つ人がいたとします。悲しさ、寂しさ、惨めさ、孤独感といった感情を1段ずつ味わいながら「-100」まで下りています。

しかし、自分の存在意義が脅かされるまで積み下がってしまうと、これまでの自分を肯定するように反発が起き、「私は（自分の経験から）困っている人を助ける人である」という逆転したようなビジョンを描くことがあります。これが、偽りの正のビジョンです。

このような場合、人を助けるために自分が犠牲になろうとします。自分が助けてほしいときに助けてもらえなかった悔しさがあるので、強いパワーで自己犠牲ができてしまいます。

そうかと思うと、何か負の要因があったときに、すぐに「-100」に戻ってしまう危険性があります。「+100」と「-100」を行ったり来たりして安定しない状態です。

この例で言えば、困っている人をすべて助け終わったときに、助けた人に対して「自分は助けてほしかったときに助けてもらえなかったのにあなたはいいよね」と妬むような感情が湧く場合です。そして、自分が自己犠牲をしてまで助けた相手なのに、自分に依存させようとするなど、**自分の充足感を得るために自分のビジョン（心の空白）へ相手を引きずり込もうとします。**

・**偽りの正のビジョンを持つ人の他者との関わり方**
偽りの正のビジョンは、ビジョンの源が負の感情であっても、その感情自体は起爆剤として大きなパワーを持っています。そのため、**他者には「+100」のパワーを持つ魅力的な人に見えます。**

しかし、偽りの正のビジョンを持つ人は、「0」から「+100」の間を経験したことがないため、「+20」など階段の途中にいる他者の気持ちを理解することができません。そのため、「なんですぐに自分のところまで上がってこないんだ」と急かしたり、見下したような態度をとったりします。または、「○○するべき」「○○せねば」と

相手に厳しく当たります。

人の上に立つ人が「偽りの正のビジョン」を持っている場合、ビジョン達成という大義のもと、部下やスタッフに厳しく当たります。

偽りの正のビジョンを持つ人は、心の空白を埋めたくて自分に注目してくる他者を自分のビジョン（実態は心の空白）に引きずり込もうとします。引きずり込まれた他者は、次第にその厳しさについていけなくなり、離れていく、あるいは精神的に病んでしまうこともあります。

他者が離れていった場合、偽りの正のビジョンを持つ人は、また心に空白ができてしまうため、別の人を自分のビジョン（心の空白）に引きずり込もうとします。

そして心の空白が埋まってしまうと（実際には埋まっていませんが）、今度は「心の空白を満たす」という行動を続けることができなくなってしまうため、**「こんな状況はもういらない」と自分で作った環境や状況を自分で破壊してしまう**ことがあります。経営者であれば、自分の会社をいきなり解散する、というようなことです。

偽りの正のビジョンを持つ人は、非常に不安定であると同時に、新たに他者を引きずり込める環境を何度でも作ります。他者を谷底に引きずり込む行為を繰り返すため、他者は翻弄されてしまいます。

偽りの正のビジョンを持つ人（なかなか自覚することはできませんが）が幸せを感じられる人生を送りたいのであれば、「正のビジョン」を描けるようにしていく必要があります。

リアルビジョン

ビジョンは制限のないマインドの世界で描くものなのに、往々にして、お金、時間、能力、距離などリアルの世界の制限に引っ張られて描いてしまいます。それらの制限に縛られながらも自分の状態

を描けているビジョンを、活学では「リアルビジョン」と呼びます（図20）。

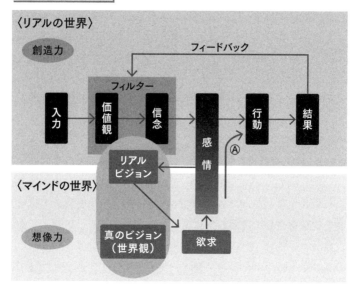

図20 リアルビジョン

リアルビジョンは価値観・信念の近くに存在し、「欲求→感情→リアルビジョン→欲求……」というように循環します。そしてⒶのように感情が湧き上がり行動につながります。**真のビジョンは欲求と必ず一致しますが、リアルビジョンは欲求と一致するとは限りません。**リアルビジョンもビジョンではありますが、マインドの世界で描いた制限のない自由なビジョンとは違います。

リアルビジョンには次のような例があります。

■お金、時間、場所、距離、能力、人脈、言語など、さまざまな要因を考慮したビジョン

・自分でお店を経営したいけれど、経営ノウハウがないので雇われて働いている自分

・通訳になりたいけれど、自分の実力では難しいだろうから、英語の先生になっている自分

■世の中の常識（価値観・信念）に縛られたビジョン

・周りのみんなが大学に行くというので、特に学びたいこともないけれど、大学に進学して勉強している自分

■人から与えられたビジョンで、なおかつ自分がやりたいものではないビジョン

・興味のない家業ではあるが、子どもの頃から親に継ぐように言われて育ってきたので、そんなものかと家業を継いでいる自分

■特定の誰かを入れたビジョン

・息子を医者にして、それを見て幸せを感じ、満足している自分

　本来、ビジョンは制限のないマインドの世界で作るものなのでワクワクするものです。一方でリアルビジョンは、リアルの世界の価値観・信念に引っ張られて作ったものなので、ワクワクしないことがほとんどです。

6時間目 存在意義を感じられる「真のビジョン」

「真のビジョン」とは、リアルの世界の制限を受けずに、マインドの世界の欲求と感情に従って自由に描いた、人生において中心軸となる自分の状態のことです。自分が存在しないビジョンは、「真のビジョン」とは呼びません。また、そのビジョンを思い浮かべたときに、ワクワクした感情が湧いてくるのが特徴です。「真のビジョン」であれば自分の存在意義も感じることができます。

「真のビジョン」を描くとできるようになること

　発明家トーマス・エジソンは、約2000個ものフィラメントを試し、ようやく低価格で長時間灯り続ける「白熱電球」を発明しました。発明にいたるまでには、気の遠くなるような時間と労力がかかったはずです。それなのになぜ、エジソンはミッションを実行し続け、ビジョンを実現することができたのでしょうか。

　それは、エジソンの頭の中で、「長時間灯り続ける白熱電球」のビジョンがとても強烈だったからでしょう。頭の中には強烈なイメージがあるのに、リアルの世界でそれが実現していないことが不思議で仕方なかった。だから何度失敗しても実験を重ね続けることができたのでしょう。リアルの世界の制限か、マインドの世界のビジョンか。この**イメージの綱引きで、マインドの世界のビジョンが勝った人だけが自分のイメージ通りの世界を歩むことができます。**

　ビジョンを航海に例えて考えてみましょう。海を渡って目的地に着いたとき、自分がどのような状態でありたいかを描いたものがビジョンです。ビジョンが定まっていれば、目的地が決まるので「行

先をどこにしよう」という迷いが消えます。目的地に着いたときに
どんなことをしようかと、ワクワクしながら思い描いておくことも
できます。

　活学の目的は「活力に満ちた幸せな人生を送る」ことです。その
ためにはビジョンメイキングが必要です。ビジョンメイキングを日
本語に訳すと「ビジョンを作る」という意味ですが、正確に表現す
れば、すでに自分の中にあるのに気づけていなかったビジョンに
「気づく」「見つける」という意味になります。
　ビジョンメイキングができれば、次のようなことができるように
なります。

・今、なすべきことがわかる

　不安とは未来に対して思うことであり、夢中になっている人は不
安を感じません。同様に、過去の出来事に対する後悔、怒り、悲し
み、羞恥心など、負の感情も湧きづらくなります。
　**ビジョンを持てばミッションが明確になり、自分がなすべきこと
がわかります。ミッションを実行することに夢中になれば、今に没
頭・集中することができ、充実した時間を過ごすことができます。**
これこそが、「今」に軸が合っている状態です。

・自分と世界を味わい尽くすことができる

　ミッションを実行していく過程で、新たな自分の個性（キャラ）
や欲求が見えることがあります。**自分自身を味わい尽くすといった
ように、自分のすべてを理解し、発揮できるようになります。**
　また、ビジョンを描き、ミッションを実行することに夢中になっ
て生きるということは、マインドとリアル2つの世界を味わい尽く
せるということです。そこから充足感、満足感、幸福感を感じるこ

とができます。

・覚悟を持った生き方ができる

ビジョンを描くことができるようになると、「このように生きていこう」と自分の人生に覚悟を決めることができます。それは自分の人生の責任を他人や社会、状況、環境に転嫁しない生き方をするということです。**自分自身で決めた覚悟から、新たなパワーが湧いてくる**ようになります。

「真のビジョン」の条件

ビジョンについてはさまざまな見解がありますが、活学では「真のビジョン」を次のように定義しています。

・リアルの世界の制限に縛られず、自由に思い描いている

リアルの世界には時間、距離、能力、お金などさまざまな制限があります。そういった**リアルの世界の制限や制約を取り払い、想像力を使って自由に描けていること**がビジョンの条件です。

・自分の「状態」を思い描いている

ビジョンは「○○という状態」「○○という存在である」「○○している自分」というように、状態として表現する必要があります。例えば、「人を元気づける存在である」「野球選手として活躍している自分」といったものです。「平和で安全な世の中であるといいな」というような**自分が中心に存在しない漠然としたイメージはビジョンとは言えません。**

また、「目的」「目標」「ゴール」なども状態を思い描いたものではないのでビジョンではありません。ただし、目標・目的・ゴールを

達成した自分の状態ならビジョンと言えます。

　例えば、「東大に合格する」というのは「目標」です。「東大に合格し、学生生活を楽しみながら将来弁護士になるための勉強をコツコツ頑張る自分」というように、自分の状態を描けているなら「ビジョン」となります。

・自分の存在意義を感じることができる

　私たちは普段暮らしの中で常にビジョンを叶え続けています。例えば次のようなものです。

・友人と楽しく会話をしながら、ランチを食べている自分
・寝る前に、好きな動画をスマホで見てホッと一息ついている自分

　このような些細なビジョンであっても、活力を持てるのであればそれは素晴らしいビジョンです。とはいえ、**毎日簡単に叶ってしまうビジョンに、人生の意義を感じられるような価値を見出すことは難しい**でしょう。

　例えば、「友人と楽しく会話をしながら、ランチを食べている自分」というビジョンは瞬時に叶います。そのひととき幸せな気持ちにはなれても、「自分はこのために存在している」というような存在意義までは感じられないはずです。

　一方で「学校の先生になって、楽しく子どもたちに授業をしている自分」というビジョンでは、子どもの頃、小中高校生、大学生という長い期間ビジョンを叶えることはできません。ビジョンが叶うことに確信を持つことも難しいでしょう。しかし、**ビジョンを達成するまでの時間が長く、達成できる確信がないほど、それが叶ったときの達成感も大きくなります。**

・「それを達成するために自分は生まれてきた」
・「それを達成せずに死んだら悔しいし、心残りだ」
・「自分だからできること、自分にしかできないことだ」

　現時点では「存在意義を感じられるビジョンなど持っていないし、そんなものを持てるとは思えない」と思うかもしれません。
　しかし、人は心の底では自分の存在意義を感じるビジョンを描きたいと思っています。「天命」や「大義」とも言いますが、そんな大げさなものではなく、一見何の役にも立たなそうなビジョンでも構いません。**存在意義を感じられるビジョンは自分の生き方の軸であり、土台となる**ものです。

　まずは下記のワークを行うことで、現段階での自分のビジョンを見つけてみましょう。

ビジョンを見つけるためのワーク

　ここでは、現段階での自分のビジョンを見つけるためのワークを行います。このワークでは、多くの価値観の中から自分の好きな価値観を5つ選び出します。次に、その5つの価値観をすべて入れて「自分は〜である」という文章にすることで、「自分はこうありたい」という状態を言語化することができます。そうすることで、現段階での自分のビジョンを自分で認識することができます。
　このワークで見つかるビジョンは、必ずしも存在意義を感じられるビジョンになるとは限りません。活学を学び始めた段階では、まだ「制限のない自由な世界観」で描き切れない可能性があるからです。
　活学をひと通り学んだ後、このワークをぜひまた行ってみてくだ

さい。活学への理解が進むたびに、リアルの制限が外れていき、自分のビジョンが変わっていくことに驚くかもしれません。

①価値観を選ぶ

　次ページの表の中から、好きな価値観、惹かれる価値観を選びます。その際の注意点は下記の通りです。

・深く考えずに、まずは好きな価値観、惹かれる価値観にいくつでも丸をつける
・恐れ、不安は脇に置き、フラットな気持ちで自由に選ぶ
・この表にない自分の好きな価値観を選んでもいいが、そのときは、マイナスの感情を抱く価値観は選ばないようにし、文章ではなく単語で選ぶ
・丸をつけた中から5つを選び、順位を決める

①　好きな価値観に丸をつけて5位まで順番を決める

誠実、清らかさ、優しさ、自由、成長、知識、勇気、承認、
到達、達成、獲得、熟達、熟練、冒険、変化、覚醒、集合、
援助、魅力、増加、楽しさ、自覚、気づき、快楽、統合、
つながり、存在、情熱、一緒、ベスト、美、至福、原因、理解、
設計、探知、献身、優美、奨励、努力、エネルギー、優秀、
優越、高揚、華々しさ、上品、偉大、神聖、本物、名誉、改善、
改良、インパクト、創意、創造、創造力、想像力、鼓舞、発明、
発見、学び、愛、聡明、壮麗、前進、独創、完璧、説得、
計画、設計、喜び、優勢、卓越、準備、普及、首位、最高、
探求、輝き、洗練、反応、感覚、感性、感情、官能、奉仕、
基準、同情、思索、精神、刺激、支援、未知、未来、スリル、
安定、想像、勝利、勝負、共鳴、共感、快適、貢献、真実、
真理、金銭、安全、保証、公平、独立、謙虚、信頼、責任、
健康、家族、世話、観察、研究、スリル、和、柔軟性、集中、
時間、納得、安らぎ、活力、感動
etc（その他好きな言葉でもいい）

1位… _____　　2位… _____

3位… _____　　4位… _____

5位… _____

②文章化する

　次に、選んだ5つの価値観が満たされている状態を文章にします。その際の注意点は下記の通りです。

・「私は」から始まり、「である」で終わる文章にする
・1〜5位の順番は考えずに文章を作る
・必要があれば、周りの環境や登場人物を自由に設定する
・難しく考えずに、3分くらいで作る

　ビジョンの定義は「世界観の中で、自分はどうありたいか」という状態です。「私は」から始まって、「である」というように言い切ることで強いイメージを描ければ、それが現段階でのビジョンになります。

　これを知った上でもう一度、自分の文章を頭の中で反芻してみてください。頭の中に自分を登場させることができていて、なおかつ自分がどのような状態であるのかをイメージできていればOKです。できていないのであれば、何度か繰り返し読んで修正し、自分のビジョンを強めていきましょう。

083

②　選んだ価値観が満たされている状態を文章にする

例）
選んだ価値観

1位 __努力__　2位 __感動__　3位 __喜び__

4位 __達成__　5位 __情熱__

価値観が満たされている状態

私は、情熱とたゆまぬ努力で物事に当たり、それを達成する
喜びを味わいながら、人に感動を与えられる人である。

選んだ価値観

1位 _____　2位 _____　3位 _____

4位 _____　5位 _____

価値観が満たされている状態

_____

_____ である。

③本心からのビジョンかどうか確認する

　最後に、自分が描いているビジョンが本心からのビジョンかどうかを確認します。作成したビジョンの自分をイメージするとワクワクした感情が湧いてくれば、真のビジョンに近いと言えます。

　また、作成したビジョンと自分自身が一致しているかどうかも確認しましょう。作成したビジョン通りにすでに生きていると言えるなら、作成したビジョンと自分自身が一致していると考えられます。

　ここで、「自分のなりたい職業が入っていないんだけどいいの？」と疑問に思った方もいるかもしれません。職業はあくまでも手段であり、職業を使って、「自分はどう生きていたいか」という状態を描くことこそがビジョンメイキングです。手段は職業に限らず、ライフワークや趣味であっても問題ありませんし、ビジョンの中にそれらの手段が入っていても、いなくても構いません。

　みなさんのビジョンは、どのようなものでしたでしょうか。もし、今の生き方に虚しさを感じるのであれば、それは「真のビジョン」ではないからかもしれません。「真のビジョンを描くなんて難しそう」「自分には無理なのではないか」と不安に思うかもしれません。しかし大丈夫です。活学の勉強を通して、だんだんと自分のビジョンが明確になっていきます。

　活学を身につけてからこのワークを行うと、初期の頃とはまったく違うビジョンになることもあります。繰り返すことで、純度を高めた自分のビジョンを練り上げていきましょう。

　最終的にはこのワークをしなくても、自分の真のビジョンを描けるようになります。自分のビジョンがわかったら、それをどういう場で、何を使って達成していくのかについても考えてみましょう。

第 **3** 部

成熟社会の
「欲求」を知る

欲求とビジョンの関係性

マインドの世界は「欲求」「感情」「ビジョン」の3つの要素で構成されています。リアルの世界の制限によって本当の欲求が見えない状態では「真のビジョン」を描くことはできません。欲求とビジョンが一致することでワクワクした感情が湧き、さらに鮮明なビジョンを描くことができます。これらの関係性について学んでいきましょう。

「欲求」と「欲望」

「欲求」と似たものに、「欲望」があります。活学では、**「欲望とは生存欲求以外の、後天的に身についたすべての欲求」**と定義します。「意欲」「名誉欲」「物欲」「自己顕示欲」「出世欲」「財欲」「知識欲」など、リアルの世界を体験して知識がついたことによって生まれた欲求のことです。

こうしたものを欲求として扱っていいのか、という疑問を持つ人もいると思いますが、活学では、欲望もすべて欲求として扱い、欲望から生まれたビジョンであっても構わないと考えます。

人は欲求を感情に乗せてビジョンを描く

欲求とビジョンはマインドの世界にあり、行動はリアルの世界にあります。リアルとマインドが一致しているということは、2つの世界をつなぐ「感情」が矛盾を起こしていないということです。一方の世界では「正の感情」なのに、もう一方の世界で「負の感情」だと2つの世界が分離してしまいます。すると、スムーズにビジョン

を描くことができず、行動に移すこともできません。

　マインドの世界は「欲求」「感情」「ビジョン」で成り立っていますが、感情なしに欲求だけでビジョンを描くことはできません。

　例えば「温泉に行きたい」という欲求を持つためには、「温泉に入ると気持ち良い、快適だ」という感情が呼び起こされる必要があります。欲求と感情がセットになって湧き上がることにより、「のんびり気持ち良く温泉に浸かっている自分」というビジョンを描くことができます。その際には、温泉に浸かっているときの自分の状態を、五感を使ってありありと感じることができるはずです。

　このように、**人は欲求を感情に乗せてビジョンを描きます。**欲求から呼び起こされた素直な正の感情によりビジョンを描いているため、**このとき欲求とビジョンは一致しています。**そのビジョンを思い浮かべたり、ビジョンに沿った行動を起こすことに対しても正の感情が湧きます。リアルの世界、マインドの世界、どちらからも正の感情が湧くので、ビジョン達成に向けてワクワクしながら、スムーズにミッションを実行することができます。

欲求の自覚がビジョンに与える影響

　欲求とビジョンが一致しているかいないかに加え、マインドにある欲求を自覚できているかどうかも、ビジョンメイキングにおいて、またはビジョンの実現に向けて大切なポイントです。欲求を自覚している場合としていない場合では、ビジョンの質とビジョン実現のスピードが違ってきます。

①欲求を自覚している場合
　欲求とビジョンが一致していて、その欲求を自覚できている場合、自分がビジョン実現のために、なぜミッションを起こしているのか

について納得感を持つことができます。そのため、**正の感情が湧き
ワクワクしながらビジョン実現のためのミッションを実行し続ける
ことができます。**

　例えば、「医者になり多くの人を助けて笑顔にしたい」という欲求
と、「医者になり多くの人を助けてその人たちを笑顔にして喜んで
いる自分」というビジョンを持つ場合、欲求とビジョンは一致して
います。

　医者になるための勉強がハードだったとしても、欲求を自覚して
いるので、納得感を持ってミッションを実行することができます。

②欲求を自覚できていない場合

　欲求とビジョンは一致していたとしても、その真の欲求をリアル
の世界で自覚できていない場合、ビジョンを鮮明に描くことはでき
ません。

　例えば、自分が気づいている欲求は「医者になりたい」で、ビ
ジョンは「医者になっている自分」というような場合です。マイン
ドの世界では「多くの人を助けて笑顔にしたい」という真の欲求が
ありますが、それに気づいておらず、漠然と「医者になりたい」と
考えている状態です。

　この場合、ビジョンが今一つ不鮮明で、なぜやりがいを持つこと
ができているのかはっきり自覚できていません。そのため、**ミッ
ションを実行する途中で壁に当たり、負の感情に陥ると、正の感情
に転換することが難しくなります。**

　自分の気分に左右されながらビジョンに向かうことになるため、
ビジョンを達成するスピードが①に比べ遅くなります。

このように、自分の「欲求」をリアルの世界で自覚できているかどうかは大切なポイントです。

　また、リアルビジョンから生まれた欲求を真の欲求だと考える人もいるでしょう。それで幸せを感じられるのならいいのですが、その欲求がしっくりこず、**幸せなはずなのに充足感が得られないことに違和感を感じる**人は、活学を通して本当の欲求を見つけていきましょう。

8時間目 活学の欲求10段階

真のビジョンを見つけるために、自分の欲求について理解することはとても重要です。しかし、現代では人々の欲求の現れ方が複雑になっていて、従来の考え方では説明し切れなくなっています。そこで、活学では成熟社会に合った欲求の構造について定義し直します。

マズローの欲求5段階説

欲求についての考え方として、アメリカの心理学者、アブラハム・マズローが提唱した「マズローの欲求5段階説」が有名です。人間の欲求は5段階のピラミッドのように構成されていて、**低階層の欲求が満たされると、より高次の階層の欲求を欲する**というものです。

図21　マズローの欲求5段階説

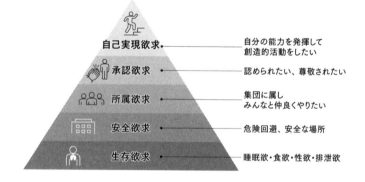

①生存欲求

生存欲求は**「睡眠欲」「食欲」「性欲」「排泄欲」**などで、「生理的欲求」とも言います。これらが満たされなければ生命の維持が不可能です。一般的な動物はこの欲求を超えることはほとんどありませんが、健康な人間は即座に次のレベルである安全欲求が現れます。

②安全欲求

安全欲求は、**「危機を回避したい」「安全・安心な暮らしがしたい」**という欲求です。怪我をしたり病気になったりした場合などにも、強く働きます。

③所属欲求

所属欲求は集団への帰属や愛情に対する欲求で、「社会的欲求」や「所属と愛の欲求」と表現する場合もあります。**「自分が社会に必要とされている」「果たせる社会的役割がある」「情緒的な人間関係を築けている」「他者に受け入れられている」**という感覚を指します。また、愛を欲する欲求でもあります。

この欲求が満たされない状態が続くと、孤独感や社会的不安を感じやすくなり、鬱状態に陥るケースもあります。

以上、第3段階までの欲求が外的部分を満たす欲求であり、次の第4・5段階は内的な心を満たしたいという欲求に変わります。

④承認欲求

承認欲求は、**自分が集団から価値ある存在と認められ、尊重されることを求める**欲求です。「自我の欲求」「尊敬欲求」と表現する場合もあります。この欲求が阻害されると、劣等感や無力感などの感情が生じます。

⑤自己実現欲求

　自己実現欲求は、自分の持つ能力や可能性を最大限発揮し**「あるべき自分」になりたい**という欲求です。第3・4段階は他者との関係性に対しての欲求でしたが、最後は「自分自身」に対する欲求になります。

　これら5つの欲求は、低階層の基本的な欲求から順番に欲し、満たされると1段上位の欲求を欲するようになります。基本的には、「生存欲求→安全欲求→所属欲求→承認欲求→自己実現欲求」という順番で満たしていきます。

成長社会と成熟社会の「欲求」の違い

　マズローが生きた時代（日本では戦時中〜成長社会）と成熟社会では、生活様式も考え方も大きく変化しています。成熟社会における欲求について考えるときには注意が必要です。

・所属欲求と承認欲求について

　成熟社会では、物質面ではなく精神面が重視されます。そのため**成長社会なら「承認欲求」「所属欲求」として満たせていた欲求が、成熟社会だと満たせなくなることがあります。**
　例えば、次のような承認欲求を満たしたとき、自分の心を満足させることができるでしょうか。

・成果を出しているから、部下として認められている
・お金を稼いで家族を養っているから、父親として認められている
・学校でいつも上位の成績だから、息子として認められている

成長社会では、役割自体がアイデンティティになり得たのですが、成熟社会では役割として認められることだけでは承認欲求を満たすことはできません。

　成熟社会では、自分の生き方や考え、態度を承認されることで「自分は認められている」と感じることができ、本当の意味で承認欲求を満たすことができます。

　所属欲求についても同じ考え方ができます。

・同居しているだけで愛を伴わない家族
・自分を大切にしてもらえない職場
・ただ参加しているだけで共感も面白さも感じない友人グループ

　成長社会までは「家庭」「学校」「職場」「サークル」「友人グループ」というように、どこかの集団に属していれば所属欲求を満たしていると考えてきました。しかし、成熟社会では集団に属しているだけでは所属欲求を充分に満たすことができなくなっています。お互いを尊重し合うことができ、自分らしくいられる場所に所属してこそ、所属欲求を満たすことができます。

・欲求の現れ方の相違

　先ほども説明した通り、基本的な欲求が満たされると、より高次の欲求が生まれる、というのがマズローの欲求5段階説です。基本的には、「生存欲求→安全欲求→所属欲求→承認欲求→自己実現欲求」という順番で満たしていきます。

　マズローは1970年に亡くなっていますが、彼が欲求5段階説を提唱していた頃までは、どこかに所属しないと生きていけない時代でした。日本も同様で、江戸時代なら武士は武士として、農民は農

民としての制度、身分、風潮に従う（所属する）必要がありました
し、家族、家業、村などの組織に所属していないと生きていくこと
が難しいのが現実でした。

　成長社会でも、会社などの組織に所属していないと生きていくこ
とが難しい時代が続き、物質的に満たされ、集団（会社等）に所属
し、そこで認められ、自分の能力が発揮できれば概ねそれでいいと
考える風潮がありました。

　このような時代には、マズローが提唱した通り「生存欲求→安全
欲求→所属欲求→承認欲求→自己実現欲求」の順番で段階的に欲求
が現れ、基本的に下位の欲求を飛ばして上位の欲求が現れることは
ありませんでした。

　ところが、**成熟社会に入ると欲求の現れ方に大きな違いが生まれ
ます**。生存欲求と安全欲求を満たすことができれば、所属欲求と承
認欲求を満たさずに、いきなり自己実現欲求を満たすことができま
す。

　それを可能にしたのがインターネットの普及です。成熟社会では
インターネットで人とのやりとり、情報収集、資金の移動などを行
うことができますし、外に買い物に行かなくてもほとんどの物を
ネットで手に入れることができます。

　在宅ワークや、トレーダー（株式・FX・不動産投資）であれば、
家にいながらお金を稼ぐことができます。ネットワークゲームの中
で勇者になったり、動画サイトに自分が作った動画を投稿したり、
SNSに写真をアップするなどして収入を得ることもできるように
なりました。

　このように、**マズローの欲求5段階説の順番で欲求が現れるとは
限らないのが、成熟社会の特徴**です。

活学の欲求10段階

　人はリアルとマインドの2つの世界を持っています。活学的に解釈すると、マズローの欲求5段階説は、リアルの世界の欲求について説明したものです。所属欲求、承認欲求、自己実現欲求は精神的欲求だと説明されていますが、リアルに即した精神面の欲求であり、マインドの世界の欲求について踏み込んだ説明はされていません。そもそも世界はリアルとマインドの2つあるということを感じてはいても、教えられていなかったのです。

　活学では、マズローの欲求5段階説を鏡映対称として、「マインドの世界の欲求（活学の欲求）5段階」を考案しました。リアルの世界の欲求とマインドの世界の欲求を合わせて、「活学の欲求10段階」とします（図22）。

　リアルの世界の精神的欲求である所属欲求、承認欲求、自己実現欲求は「リアルの社会の中で実現する欲求」です。一方、**マインドの世界の5つの欲求は、「自分の共感する世界観で実現する欲求」**となります。難しい言い方のように感じるかもしれませんが、要は自分の頭の中で実現する欲求のことです。実現したことをイメージするだけで、その欲求は実現したことになります。

　ですから、活学ではビジョンのことを「すでに達成された未来の自分の姿」と説明しており、略して**「すでに達成された未来」**という言い方をしています。

　また、「自分の共感する世界観」には、「自分が作った世界観」と「他者が作った世界観」があります。「自分が作った世界観」とは、自分が中心となって自分で作った世界観です。アニメや漫画で言えば作者に当たります。「他者が作った世界観」は他者が作った世界観に自分が共感することになります。アニメや漫画で言えばコアな

ファンであり、その作品に作者並に心酔している状態になります。

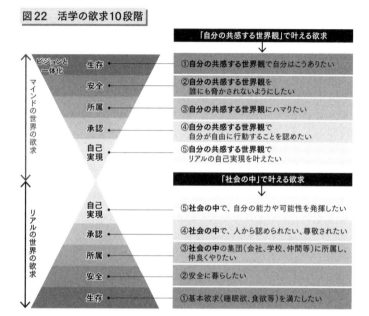

図22　活学の欲求10段階

■自分が作った世界観の例
・「家を建てて暮らしている自分たち家族」という世界観
・「家で一日中イラストを描いて楽しみながら暮らしている自分」という世界観
・自分が経営するレストランの世界観

■他者が作った世界観の例
・ディズニーやスター・ウォーズの世界観
・「アイドルグループ〇〇」の世界観
・宗教の教義にある世界観

多くの場合、最初は「他者が作った世界観」にハマったり抜けたりを繰り返し、そこから自分の経験・知識、能力を加味し、「自分が作った世界観」にハマるようになります。

　例えば、家を建てるときに住宅展示場でさまざまな特色のあるメーカーの住宅（世界観）に自分の身を置きます。共感したりしなかったりしながら、メーカーを決めます。そうして家を建てた後、家具やファブリックなどを自分の世界観にカスタマイズするといったような流れです。

　他者が作った世界観は、リアルの世界に存在するものなので、どうしてもリアルの制約にとらわれ、他者の模倣になったり、発想が広がりづらくなったりします。**最初は、「他者が作った世界観」にハマったとしても、いずれ「自分が作った世界観」にハマれるようになる**ことが理想です。

マインドの世界の欲求

　ここまでに説明したように、マインドの世界の欲求は「○○したい」という欲求を持ち、その状態を描くと同時に実現します。ここでは欲求の弱い順に説明します。

①自己実現欲求

　リアルの世界の自己実現欲求は、社会の中で自分の能力や可能性を発揮したいという欲求です。一方でマインドの世界の自己実現欲求は、**「自分の共感する世界観に則って現れたリアルの自己実現欲求を達成したい（達成している）」**という欲求になります。「達成したい」としましたが、マインドの世界ではイメージしただけで実現するため、実際には「達成している」となります。

　リアルの世界では叶ってないけれどマインドの世界では叶ってい

て、その世界観に浸っているということです。少し複雑に感じるかもしれませんが、ここではそういうものだと理解してください（これ以外のマインドの世界の欲求も同様）。

例えば、アニメや映画などを見た後に、それに影響されてマインドの自己実現欲求を叶える場合です。子どもが『鬼滅の刃』を見て刀を振ったり、ディズニー映画を見てきれいなお姫様になったりする。大人なら『ロッキー』を見てシャドーボクシングしたりするのが、これに当たります。小さい頃の秘密基地やおままごとも、この欲求です。

リアルの世界での自己実現欲求を、マインドの世界でイメージすることで瞬時に実現します。2つの世界の自己実現欲求は非常に近い位置にあり、リンクしています。

②承認欲求

マインドの世界の承認欲求は、**「自分の共感する世界観の中で、自分が自由に行動することを認めたい（認めている）、肯定したい（肯定している）」**という欲求です。リアルの世界では他者から、マインドの世界では自分で自分を認めたい（認めている）ということです。

また、「自分が共感している世界観を認められたい（認められている）」ということも、この欲求です。例えば自分が応援しているアイドルが認められることで承認欲求が満たされ、喜びを感じます。

③所属欲求

マインドの世界の所属欲求は、**「自分の共感する世界観に属していたい（属している）」、いわゆる「ハマる」状態でありたい（ある）という欲求**です。所属するのは自分が作った世界観でも、他者が作った世界観でも構いません。

マインドの所属欲求はリアルでの生活にも大きく影響し、欲求が叶うように生活基準を変化させます。例えば、山登りにハマった人が筋トレのためにジムに通ったり、山岳グッズの紹介動画を見たりすることも、マインドの所属欲求によるものです。

④安全欲求

マインドの世界の安全欲求は、**「自分が共感する世界観を脅かされないようにしたい（脅かされていない）」**という欲求です。マインドの世界観を他者や、情報（テレビ、Web等）から否定されることで、安全欲求が脅かされます。脅かされると、感情的になり攻撃したり避けようとしたりします。

⑤生存欲求

マインドの世界の生存欲求は、**「自分の共感する世界観の中で、自分はどんな存在でありたいか」**という自分ありきの欲求で、**マインドの世界におけるビジョンと一体化します。マインドの世界の生存欲求でありながらビジョンでもあります。**

また、自分の存在の有無に関わるため、とても強い欲求です。この欲求まで高まると「自分はこれのために生きている」といったように、強い活力を得て行動を起こすことができます。一方でマインドの生存欲求が脅かされると、非常に強い嫌悪感、恐れ、不快感などを感じます。

9時間目 時代によって変化する、欲求を満たす順番

8時間目にお話ししたように、成熟社会では欲求の満たし方の順番が従来と異なる場合があります。この時間では、従来通りの欲求の満たし方と成熟社会で見られるようになった欲求の満たし方を説明します。また、成熟社会でどのように欲求が現れ、満たされていくのかについて、ビジョン実現までの過程と合わせて説明します。

従来通りの欲求の満たし方

成長社会までによく見られた、**「下位の欲求から段階的に欲求が現れ、1つ満たすごとに順番通りに上位の欲求が現れる」**というパターンを見ていきましょう。

まずは、「プロ野球選手として活躍している自分」というビジョン(マインドの生存欲求)を小さい頃から持つ人の例です。

小学生のときは、「プロになって活躍する」というビジョンはまだ遠い未来のことなので、最終的なビジョンと、自己実現欲求(リアル・マインド両方)は別のものとなります。

この少年は、リアルの世界で少年野球チームに所属することで所属欲求を、活躍することで承認欲求を、地区大会で優勝することで自己実現欲求を順番に満たしていきます。

マインドの世界では、「プロ野球選手として活躍している自分」という生存欲求(ビジョン)からスタートし、「自分の好きなプロ野球という世界観を否定されていない」という安全欲求、「プロ野球の世界観にハマっている」という所属欲求、「(そのときどきに現れる自

己実現欲求の）行動を起こせる自分自身を認めている」という承認
欲求をそれぞれ順不同で満たします。

　さらに、「少年野球チームで活躍し、地区大会で優勝することを
イメージできる」という自己実現欲求を満たします。マインドの世
界はイメージしただけで瞬時に欲求が叶うため、マインドの世界の
安全欲求、所属欲求、承認欲求、自己実現欲求は順不同で現れて満
たされる、ということを繰り返します。

　プロ野球選手になるまでは道のりが長いため、その状況に合った
リアルでの自己実現欲求は、次のように現れます。

・小学生のとき：「少年野球チームに入って地区大会で優勝したい」
・中学生のとき：「野球部に入って県大会で優勝したい」
・高校生のとき：「野球部に入って甲子園で優勝したい」
・ドラフト会議：「憧れの球団に指名されたい」

「ビジョンが達成される」とは「頭の中で描いた世界観を現実の世
界で実現する」ということです。リアルの世界でビジョンが現実と
なったときに、「ビジョン（マインドの生存欲求）」「マインドの自己
実現欲求」「リアルの自己実現欲求」の3つの欲求が合致し、最高
の達成感と幸福感を味わえます。

　「憧れのプロ球団で、大事な試合でサヨナラホームランを打つ」と
いうビジョンを持っていて、それを実現できた場合、「マインドで
描いていたプロ野球で活躍している自分」「サヨナラホームラン」
「リアルの世界で活躍」の3つが同時に叶っています。一生忘れら
れない達成感と幸福感になるでしょう。

図23 順番通りに現れる欲求の満たし方

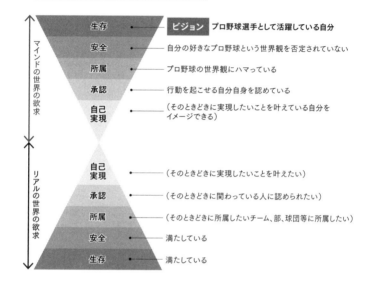

　なお、「プロ野球選手として活躍している自分」というビジョンを持つ人が、それを叶えるまでの間に「プロ野球の○○チームの、○○選手のように活躍したい」というビジョンを持っている場合、「他者が作った世界観」を描いていることになります。多少なりともリアルの制約にとらわれ、他者の模倣になっているということです。

ほとんどの場合、このように「他者が作った世界観」にハマることからスタートします。私たちはリアルの世界で生きているので、それはある意味当然のことで、そこから、多くの経験・知識、能力を増やし、**他者の模倣という制約を外すことができると、より制約のない自由な世界観でビジョンを描けるようになります。**他者の世界観を経て、最終的には自分の世界観を描けることが理想です。

成熟社会で見られるようになった欲求の満たし方

　先ほど説明した例は、リアルの世界において、マズローの欲求5段階の通り、下位の欲求から順番に現れ、それが満たされると、より高次の階層の欲求が現れる、という流れでした。

　次に紹介するのは、変則的な順番でリアルの欲求を満たしていく例です。**成熟社会になってから多く見られるようになってきた欲求の満たし方**です。

　リアルの下位の欲求（生存欲求、安全欲求）を満たした後、上位の欲求（所属欲求、承認欲求、自己実現欲求）に上がれないときに、人は挫折感を味わいます。

　成長社会までは挫折すると逃げ込む場所がありませんでしたが、成熟社会ではマインドの世界に逃げ込める環境が整っています。そのため、**マインドの世界に逃げ込んでマインドの欲求を満たした後、リアルの所属欲求、承認欲求を満たしていないのに、いきなり自己実現欲求（リアル・マインド両方）を満たす**、というような状況が起こります。

　リアルの世界では「生存欲求を満たし、次に安全欲求を満たす」という順番が変わることはありません。生存欲求と安全欲求は肉体保持がかかっており、いわば「支配的な欲求」になります。この2つを満たさずに、上位の欲求に進むことはできません。

　逆に、マインドの欲求を満たす順番については、そのときの状況、環境、人によってまちまちになります。思っただけで一瞬の間に欲求を満たすことができるので、順番がつけられないくらい同時に欲求を満たすこともあります。

　変則的な順番での欲求の満たし方のうち、成熟社会ならではの例

を見ていきましょう。

・リアルの欲求を十分に満たせていない人が、マインドの世界に逃げ込んだまま描くビジョン

　リアルの世界で社会にうまく順応できない人が所属欲求以上に上がれずに、マインドの世界へ逃げ込み、リアルの世界を取り戻さずに自己実現欲求を叶えた例です。

　Ｃさんは職場に馴染めず仕事を辞めて以来、家に引きこもっています。リアルの生存欲求と安全欲求は満たしていますが、それより上の欲求は満たせていません。

　仕事を辞め、退屈しのぎにスマホのアプリで「戦って勇者になる」というゲームを始めました。ネットワークゲームではなく、自分だけが参加するタイプのゲームです。

　このゲームでは、自分のキャラとして作ったアバターが騎士として戦います。ゲームを始めたばかりの頃はとても弱い騎士でしたが、ステージをクリアするごとに徐々に強くなっていきました。Ｃさんは「ステージをクリアする」という成功体験を積むことが楽しくて、次第にこのゲームにのめりこんでいきました。

　Ｃさんは、リアルの世界では、人間関係を構築するのが苦手で、自分を認めてもらえたと思えるようなこともなく、何かを成し遂げたという成功体験もほとんど持っていませんでした。そんなＣさんが、ゲームの中で達成感を味わえたことは、大きな快感でした。自分で作ったアバターが本当の自分だと感じられ、リアルの生活などどうでもよくなってしまうほどゲームの世界に没頭していきました。

　この例では、リアルの欲求は生存欲求と安全欲求しか満たせていませんが、ゲームの中で勇者となることで自己実現欲求を満たして

います。つまり、所属欲求と承認欲求を満たさずに、いきなり自己実現欲求を満たした、ということです。

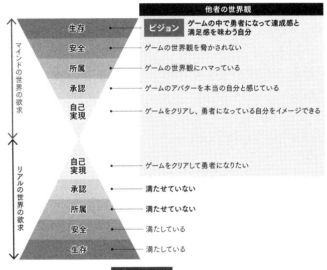

図24 変則的な順番での欲求の満たし方

活学の欲求10段階ではリアルの欲求よりマインドの欲求のほうが高次の欲求です。リアルの欲求を満たせていない、とりわけニートや引きこもりになっている人がゲームの世界観に没頭してしまうと、リアルの世界で社会を通して欲求を満たす必要性が薄れてしまいます。そうなると、一層リアルの社会に戻りそびれてしまう可能性があります。

とはいえ、自己実現欲求を満たしていても、それはあくまでもゲームという世界観の中のことにすぎません。今回の例のようにリ

アルでの欲求の満たし方が少ないと、土台が空っぽに近くとても不安定な状態になります。そのため、社会に順応して生きることが難しいのはもちろん、夢想家・空想家になったり、実存的虚無感を抱えたまま生きることになったりしてしまいます。**土台となるリアルの欲求を安定させるためには、リアルの世界で順番通りに欲求を満たしていく必要があります。**

・成熟社会だからというわけではないが、変則的な順番で欲求を満たす例

　ここでは、成熟社会だからというわけではないけれど、変則的な順番で欲求を満たす例をご紹介します。

　会社員の男性Aさんは、職場で評価してもらえず、承認欲求を満たせていません。Aさんは、毎朝同じ通勤電車の車内で見かける女性Bさんのことが気になって仕方がありません。2人はお互い名前も知らず、話したこともありません。

　しかし、Aさんは「彼女はいつも同じ時間の同じ車両に乗ってくる。オレのことが好きだからに違いない」と勝手に思いこみ、「自分に好意を持っている（はずの）女性Bさんに告白され、恋人同士になって幸せを感じる自分」というビジョンを持つようになりました。

　Aさんはマインドの世界でBさんとの関係性について妄想を膨らませ、Bさんに好意を持たれているという世界観にハマっています（マインドの所属欲求）。また、自分の頭の中の世界観について誰かと共有したことがないため誰かに否定されることはなく、「女性Bさんに好意を持たれているという世界観を脅かされない」という安全欲求も満たしています。「自分たちは相思相愛である」という世界観を自分とBさんで共有している（と思っている）のでマインドの承認欲求も満たしています。

あとはBさんに告白されればビジョンが実現するので、「Bさんに告白されたり、デートに誘われたりしたい」という受け身の自己実現欲求を持っています。そうして、「オレのことが好きなはずなのに、なぜ素直に告白したり、話しかけてきたりしないんだろう。誘いやすいように、彼女の目につきやすい場所で待ち伏せしよう」と、Bさんの自宅前で待ち伏せするようになりました。

Bさんはまったく身に覚えのないことで、自宅をつきとめられた上に待ち伏せをされて怖い思いをしています。Bさんにとっては、Aさんは単なるストーカーでしかありません。しかしAさんはあくまでも女性Bさんのために「してあげている」のであり、自分自身は彼女のストーカーになっているつもりはありません。

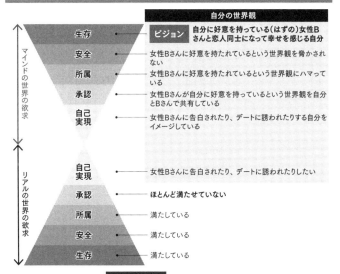

図25 成熟社会だからというわけではないが、変則的な順番で欲求を満たす例

Aさんはリアルの世界では承認欲求を満たしておらず、マインドの生存欲求から大きなパワーでリアルに降りてきて、いきなりリアルの自己実現欲求を満たそうとしています。

　リアルの世界で社会性をうまく培えないと、リアルでの欲求を満たすことが難しくなります。そのため**自分で自由に描けるマインドの世界に逃げ込み、妄想を膨らませ、現実を捻じ曲げ、無理矢理自己実現欲求を満たそうとする**場合があります。

　ストーカーをしている本人には「自分はストーカーである」という自覚はなく、むしろよかれと思ってやっているので罪悪感がありません。ストーカーされている側からするととても厄介で怖い存在です。

リアルとマインド両方の欲求を満たす

　成熟社会はマインド面が特に重要視される社会です。とはいえ先ほどご紹介した「ゲームに中毒的にハマる」「ストーカー」の例のように、**マインドだけでリアルが満たされていなければ、欲求の叶え方が自己中心的で「わがまま」になりがち**です。欲求10段階の土台となるリアルの欲求を満たしていないため、欲求全体が不安定となり、生き方自体も不安定になります。

　逆に、マインドの生存欲求（ビジョン）を描けずに、**リアルの自己実現欲求だけだと、たとえ叶えることができたとしても、その後何をしていいかわからなくなってしまいます。**

　例えば、リアルの自己実現欲求で「東大に入りたい」という願望を叶え東大に入ったとしても、自分の状態を描けていないため、東大に入った後にどう過ごしていいのかわからなくなってしまいます。「東大に入り、将来弁護士として活動するための知的好奇心を満たし、楽しみながら勉強している自分」というように、自分の状態を

思い描けていることが理想です。

　このように、リアルの世界の欲求に偏れば現実主義で、リアルの刺激に反応するような生き方になりますし、マインドの世界の欲求に偏れば、空想家になり生活自体が安定しません。

　相反する思考法の考え方（3時間目）からも、リアルとマインド、両方の世界の欲求を循環して満たしていくことが重要です。

　リアルとマインド両方の欲求を満たし、両方の欲求を循環させることで、より一層欲求全体が満たされ安定します。すると、活力を持った生き方ができるようになります。

　理想は、マインドの「生存欲求」からリアルの「自己実現欲求」まで、10段階すべてが一貫性を持ち、つながっていることです。

第 **4** 部

リアルの世界で「行動」を起こす

10 時間目 「未経験の行動」を阻む機能

ビジョンを描き、その実現のための行動を起こそうと思っても、実際には行動に移せなかった、という経験を持つ人も多いのではないでしょうか。その理由は、人間には未経験の行動を阻む機能が備わっているからです。その機能がどういうものなのか、対処法と合わせて説明します。

「ホメオスタシス効果」とは

「ホメオスタシス」とは、簡単に言うと**「いつもの状態」に戻そうとする機能**のことです。この機能が働くため、未経験のことに対して行動を起こすことが難しくなっています。

人間には、摂取カロリーが基礎代謝より少ない状態が続くと、基礎代謝を抑えて餓死から逃れようとする防衛反応が起こります。これが「ホメオスタシス効果」です。通常から逸脱した状態になろうとすると、ホメオスタシスが働いて「いつもの状態」に戻そうとします。暑いときは汗をかいて体温を下げ、寒いときは体を震わせて体温を上げようとするのも、体温を一定に保とうとするメオスタシスの働きによるものです。

ホメオスタシスは肉体に作用するものとして定義されていますが、活学では同じことが精神にも働くと考えます。強い正の感情、あるいは負の感情が湧いても、時間の経過とともにいつの間にか通常の感情に戻るという経験は、誰にでもあると思います。人はいつもより強い感情を継続して持ち続けることはできません。必ず時間の経過とともに、ホメオスタシスにより元の感情に戻っていきます。

ホメオスタシスは特に「やったことのない新しい行動」や「めっ

たに起こさない行動」に対して作用します。「いつもの状態」に戻す
ため、次のような言い訳を浮かび上がらせることによって未経験の
行動を阻止しようとします。

- 忙しいから
- お金がかかるから
- 時間がかかるから
- 大変そうだから
- 情報が足りないから
- うまくいきそうにないから
- 自分に自信がないから

　また、行動に対して他者が関わる場合には、**相手に対しての思い
やり、配慮、懸念事項から言い訳が浮かぶ**こともあります。

- 相手から不愉快に思われるかもしれない
- 相手に迷惑がかかるかもしれない
- 相手から拒絶されるかもしれない
- 相手から傷つけられるかもしれない
- 相手から嫌われるかもしれない
- 気を遣うのは面倒だ
- 気まずい思いをするかもしれない

　このようなホメオスタシス効果によって、人が行動を起こせない
主な理由は、次の2つです。

- **習慣化されておらず、安全性が確かめられていないから**
　人には「自分が今まで無事に生きてきたということは、今までの

生き方が安全だったのだ」という実感があります。未経験の行動は習慣化されておらず、安全性も不確かなため、「危険」と判断します。そうしてやらない言い訳を作り出し、いつもの行動範囲から逸脱しないようにしようとします。この範囲をコンフォートゾーンと言います。

・生命維持のため

慣れていない行動には多くの思考を必要とし、そのぶんエネルギーが消費されます。生命維持のために、思考や感情に対して力をできるだけ使わずに温存しようとする作用が働き、現状維持が促されます。結果的に、新しい行動を起こすことにブレーキがかかります。

ホメオスタシスはどのように生まれるか

思考や感情に対するホメオスタシスは「信念」および「習慣」から生まれます。

・信念から生まれるホメオスタシス

成功体験が多く自信のある人は、「面白そう」「なんとかなるだろう」「努力すればできる」という価値観・信念から、ホメオスタシスに引っかかりにくくなります。

一方で、**失敗した経験や挫折体験が多く、自分に自信がない人は、「自分にはできない」「努力してもムダ」というような固定化した信念を持ちやすい**傾向があります。新しい行動に対してホメオスタシスが強く働いてしまい、行動をスムーズに起こすことができません。

また、「こうするのが当然」「これが常識」「これはこういうもの」というように信念が固定化すると、ホメオスタシスの影響も強くな

ります。例えば、「新しい行動を起こすことは不安だ」という信念が固定化していれば、どのような入力があっても新しい行動は起こさなくなります。

あるいは、信念をもとに特定の感情を持ち続けることも、ホメオスタシスになります。例えば、誰かを憎むことを生きるパワーにしている人は、憎むことをやめてしまうと生きる意味がなくなってしまうため、憎しみという感情を持ち続けることがホメオスタシスになります。

・習慣から生まれるホメオスタシス

価値観・信念により、行動が繰り返されると習慣になります。習慣ができた瞬間にホメオスタシスは生まれます。

例えば、**「決まった毎日を送る生活」の人が新たな行動を起こそうとすると、ホメオスタシスが働きます。**「忙しいから」「面倒だから」「疲れるから」などと言い訳が浮かんできて、新しい行動を起こすことができません。子どもの頃は新しい行動をスムーズに起こせていたのに、大人になってからは起こしづらくなったと感じる場合も、習慣の影響です。

反対に、**「刺激を求めて行動し続ける生活」の人にとっては「決まった毎日を送る生活」が、普段の生活から逸脱した行動になります。** そのため、刺激のない落ち着いた生活を送ろうとするとホメオスタシスに引っかかり、また刺激的な生活に戻ろうとしてしまいます。

ホメオスタシスに引っかからない心理状態とは

ホメオスタシスに引っかからない心理状態が、2パターンあります。

1つ目は、**追い詰められること**です。新たな行動を起こすことを危険だと感じても、行動を起こさないともっと危ない状況になることが予想されるため、ホメオスタシスを壊してでも行動を起こすことになります。

例えば、貯金に余裕がないときにリストラされ転職する、というような場合です。貯金がない上に家族を養わないといけないとしたら、のんびり無職でいるわけにもいかず、嫌でもすぐに次の仕事を見つけて働かなくてはいけません。

ただし、病気などで行動を起こすエネルギーがない場合や、追い詰められているという認識のない人は行動を起こすことはありません。

2つ目は、**ビジョンを描いてワクワクすること**です。多少固定化した信念があっても、それを超えるくらいのワクワクした気持ちと「やりたい」という欲求があれば、ホメオスタシスに引っかからずに行動を起こすことができます。

例えば、今まで犬を飼ったことのない犬好きの人が初めて犬を飼うといった場合です。犬を飼うことに不安があっても、犬と一緒に暮らすビジョンをイメージするだけでワクワクし、不安な気持ちも吹き飛んでしまいます。そのようなときはスムーズに行動を起こすことができます。

ホメオスタシスを壊すほどのワクワクする感情が湧いてこなければ、スムーズに行動を起こすことはできません。行動を起こすためには、自分の本心からの欲求に従い、鮮明なビジョンを描けている必要があります。とはいえ、意図的にワクワクするようなビジョンを描くことはできません。ビジョンは頭で考えて描けるものではなく、気づいたら勝手にビジョンを描いてワクワクしているものだからです。そういう意味では恋に落ちるのと似ています。

118

ホメオスタシスへの対応策

ホメオスタシスに引っかからないためにできることは、価値観・信念を変えることです。フィルターである価値観・信念を変えることで、思考や感情、行動を変えることができます。価値観・信念を変えることなしに、入力に対する感情を変えることも、欲求を持つことも、行動を起こすこともできません。

先ほど、ホメオスタシスは価値観・信念から生まれるとお伝えしましたが、価値観・信念は自分で積み上げてきたものであり、ホメオスタシスも自分自身で作り出したものです。ホメオスタシスを作ったのが自分なら、新しい行動を起こさないように止めているのも自分自身です。自分自身で作り上げた価値観・信念を変えることでホメオスタシスに引っかからないようにし、行動を起こしていけるようにしましょう。

具体的な対処法を3つ見ていきます。

①内観：自分がホメオスタシスに引っかかっていることを知る

ビジョンは描けてもいつも新しい行動を起こすことができないと感じている人は、それができない自分を責めたり、情けない思いを感じたりすることがあるかもしれません。しかし、そのように感じる必要はありません。

新しい行動をためらってしまうのはホメオスタシスという人間に備わった作用のためであり、いわば本能的なことです。本人の精神的な未熟さからくるものではないので、「自分は行動できないからダメな人間だ」という考え方はしないようにしましょう。**行動できないことは悪いことではなく、できない根本原因がホメオスタシスにあると知り、対策を学ぶ**ことが大切です。

②相反する思考法：固定化した価値観・信念を緩める

価値観・信念が固定化しているということは「片側しか見ない思考法（3時間目）」に陥っているということです。新しい行動をためらう人は、新しい行動のリスクだけを見る傾向があります。

そこで相反する思考（3時間目）を使って、**「行動を起こすことによるリスク」**と**「行動を起こすことによるリターン」の両方を見る**ようにします。リターンは実質的なものだけではなく、「正の感情（感動、喜び、楽しさ）」などについても思い巡らせるようにします。

「友達以上恋人未満」の関係のときを例に、リスクとリターンについて考えてみましょう。

行動を起こした場合のリスクは、「告白をすることで今の関係が壊れる」です。リターンは「相思相愛になり、恋人として付き合うことができるようになる」です。

反対に、「行動を起こさないことによるリスク」は、「告白しなかったことで、ほかの人に取られる」です。リターンは「このまま友達以上恋人未満の状態を続けることができる」となります。

いずれの場合も最後に「かもしれない」とつきますが、相反する思考法を使って、リスクだけでなくリターンについても思いを巡らせるようにします。同時に、それぞれのリスクとリターンの際の感情も味わうようにします。

片側しか見ない思考法で「行動を起こすことによるリスク」しか見ない場合、毎回「新しい行動は起こさない」という結論になってしまいます。しかし、上記のように思考を循環させることができれば、新しい行動を起こすメリットにも思い巡らすことができるようになるので行動を起こす確率も上がります。

③Baby step：小さな目標を設定して行動を起こし、達成感を味わう

　①②のように思考を循環させることができるようになれば、行動を起こせる可能性が高まります。とはいえ、今まででは考えられないような行動をいきなり起こそうとすると、ホメオスタシスはアレルギーのような作用を及ぼしてしまいます。**アレルギーを起こさないためには、アレルゲンとなる「新しい行動」を少量ずつ始めて、大きなアレルギー反応が起こらないようにします**（医学的には免疫寛容療法と言います）。

　まずは、小さな目標を設定してそれを行動に移し、ささやかながらも成功体験を積み上げ、その行動に慣れることでホメオスタシスというアレルギーを克服していきます。それが「Baby step（小さな一歩）」です。

　その際に大切なことがあります。

・小さな目標であっても、行動を起こせたことに対してきちんと達成感を味わう
・小さな目標を達成できたら、すぐに目標設定を上げずに時間をかけて行動に慣れる
・飽きるくらいまで慣れたら、少しだけ上の目標を設定し、再度その行動に慣れていく

　普段ウォーキングをやったこともない人が、「毎日1万歩を目標に歩いて絶対に痩せるぞ」と思っても、初日から挫折してしまう可能性が高くなります。「まずは家を出て100歩歩いて、すぐ帰る」を1週間続けて、次は150歩歩いてすぐ帰るといったように、少しずつ増やしていきます。人によって適切な歩数は異なりますが、まずは自分で呆れてしまうくらい（できないはずがないと確信が持てるく

らい）負荷の少ない歩数から始めるようにします。

　ホメオスタシスの解消は小さなステップの積み重ねが必要なため、どうしても時間がかかってしまいますが、これを繰り返すことで徐々に新しい価値観・信念で上書きされ、硬直化していた価値観・信念も緩んでいきます。

　そのほか、日頃から「昨日と同じ今日を生きないようにする」ことを心がけてみることも効果的です。些細なことで構わないので、日々いつもと違う新しい行動を起こすように心がけてみましょう。また、何か新しい入力に対して抵抗感や不安感を感じたときは、**「あ、今ホメオスタシスに引っかかっているのかもな」**と思いを巡らせることも効果的です。

他者との信念対立にも働くホメオスタシス

　先ほどのような場合は、行動を起こせないことについて自分一人の中で対策を立て、解決を図ることができました。次は、相手がいるため自分一人では解決を図ることができない場合です。

　自分は確固たる信念を持っていて、新たな行動を起こしたいけれど、他者と信念が合わずぶつかってしまっている場合、自分と他者との間で信念対立が起きています。お互いの信念をぶつけ合っても理解したり譲歩したりすることは困難です。このままでは信念対立を克服することはできないため、強行突破で行動を起こそうとすれば他者との対立が激化する可能性があります。

　他者との対立を起こさないようにしようとすれば、新たな行動を起こすことはできません。

　実は、**ホメオスタシスは、他者との信念対立によって働くこともあります。**例えば、「いじめをした生徒には厳罰を！」と主張する

人がいる一方で、「いじめをした生徒には更生を！」と主張をする人もいます。お互いの信念をぶつけ合っても、対立するだけで解決は困難です。「俺は絶対に正しい、お前が間違っている」と言っても、共通理解が生まれることはありません。

　民族的対立、政治的対立、経済的対立、領土争い、宗教戦争など、国際問題や政治問題も信念対立に起因するものが多々あります。意外に思われるかもしれませんが、**信念対立が長く続くことでもホメオスタシスが作用します**。対立している状態が「いつもの状態」となり、対立していない状態が「逸脱した状態」となります。「対立した状態」を解消しようとするとホメオスタシスが働き、「対立した状態」から逸脱しないように作用します。これではいつまで経っても対立状態から抜け出すことはできません。

　では、このようなときはどうしたらいいでしょう。

　歴史の中で哲学者たちも信念対立についての解決策を考え、「欲望相関性の原理」というものを編み出しました。
「欲望相関性の原理」とは、「信念、思想、考えとは私たちの欲望によって作り出したもの」とする考え方です。信念対立を起こすと、ついお互いの信念にフォーカスしたくなりますが、**「なぜあなたたちはそれを主張しているの？」という欲求面にフォーカスを当てると、信念対立を解消するための糸口が見つかります**。
「いじめ厳罰主義」の人は、過去にいじめにあったことがあるので、いじめをしている人に仕返しをしたい、恨みをはらしたいという欲望があるかもしれません。一方で、「更生主義」の人は、かつていじめをしたことがあるけれど、良い先生と巡り会えて、いじめを反省し、やり直すことができ、同じような機会を子どもたちに与えたいと思ってそのような信念を持ったのかもしれません。

　このように、お互いの信念をただぶつけ合うだけではなく、その

背景を理解・共感するようにします。すると主張は違っていても、どちらも「いじめをなくしたい」という気持ちは同じだということがわかります。お互いの欲望に寄り添うことができるようになれば、「いじめをなくす方法を一緒に考えよう」と、建設的な議論ができるようになります。

　ただし、「欲望相関性の原理」を元にした信念対立の解消法を使うには、**信念対立を起こしている双方が感情をコントロールできていることが前提**です。自分の信念に執着を持っていたり、「ゆるしたくない」「折り合いたくない」「絶対私は仕返しをしたい」という感情にのまれている人は、相手の「欲望」に耳を傾けることができません。

　それでも信念対立を解消したい場合には、まず相手の執着を外すことが必要です。とはいえ、相手の執着を外すのは困難です。そのような相手に対しては、自分だけでも相手の欲望を見てあげることができれば、相手の信念をゆるすことができるかもしれません。

　そうすると信念対立を起こしていることを理解しながら、かつそのことを脇にいったん置きながら、行動に移すことができる可能性が生まれてきます。

ビジョンの実現と「価値観・信念」

真のビジョンを描き、ミッションを実行し続け、ビジョンを実現する。この流れがうまくいかない大きな理由が「価値観・信念」です。まず、「価値観・信念」がなぜ生まれるのかを見ていきましょう。そして、ビジョン実現の中でどのように価値観・信念が影響するのかを学びます。

「価値観・信念」の生まれ方

「価値観・信念」は、周りの人、情報、他者との比較などの「刷り込み」によって形成されていきます。「刷り込み」の頻度が高ければ高いほど、その「価値観・信念」は強まります。また、自分が起こした行動の結果が「価値観・信念」にフィードバックされることでも強められます。

「価値観・信念」を強める「刷り込み」の例を見ていきましょう。

■周りからの刷り込み（特に親からの影響が強い。ほかに兄弟・姉妹、先生、友達等）

- 刷り込み：親に「お前はダメなやつだ」と小さい頃から言われ続けてきた
- 価値観・信念：「自分は価値の低い人間だ」

- 刷り込み：友達が「〇〇さん、かわいい！」と称賛した
- 価値観・信念：「〇〇さんはかわいい。かわいいの定義は〇〇さんのような人」

■情報（テレビ、雑誌、ネット等）からの刷り込み

・刷り込み：テレビで多くの著名人の半生が報じられるが、どの人もさまざまな挫折や苦労の上で成功を収めている
・価値観・信念：「挫折や苦労を経験しないと成功できない」

・刷り込み：SNSで「キレイになる方法」がたくさんアップされていて、「いいね」もたくさんついている
・価値観・信念：「キレイになることには価値がある。自分もキレイになりたい」

■他者との比較による刷り込み

・刷り込み：自分以外は全員営業のノルマを達成している
・価値観・信念：「自分は営業の能力がない。仕事ができない」

・刷り込み：SNSで、知人が多くの友人に囲まれて楽しそうにしている写真をアップしている
・価値観・信念：「自分は友達も少ないし、人生を楽しく過ごせていない」

■行動を起こした結果がフィードバックされることによる刷り込み

・刷り込み：被災地のボランティアに参加したら、とても感謝された
・価値観・信念：「被災地でボランティアを必要とする人がたくさんいる。自分は人の役に立てる人間だ」

・刷り込み：良かれと思ってやったことが、喜ばれなかった
・価値観・信念：「良かれと思ってやった行動が、必ずしも喜ばれるとは限らない」

このようにして生まれた価値観・信念が、ビジョン実現にどのように影響するのか。次から、事例を交えて説明します。

ビジョンが生まれて実現するまで

　Ａさんが「家を建てて、家族で楽しく暮らす」というビジョンを持ち、ビジョンを実現するまでの例を見ていきましょう。

①ビジョンがない

　まだビジョンがないときは、素敵な家を見ても何も感じませんし、土地の情報やハウスメーカーの広告も目に留まりません。そうした情報（入力）はいたるところにあふれていますが、風景の一部となっていて気に留めることはないし、記憶にも残りません。「知覚」しているけれど、「自覚」にはなっていない（関心がない）状況です。

　入力が価値観に合致すれば信念へ進み、そうでなければ信念へ進まずに棄却されます。「素敵な家」「土地の情報」「ハウスメーカーの広告」というような家に関する情報の入力があっても、まだＡさんには「家を建てる」ことに対する明確な価値観がないために棄却され、信念へ進みません。感情に進むこともないため、入力があっても感情は湧かず、記憶にも残りません。

②ビジョンが生まれ、欲求が生まれる（図26）

　Ａさんは20代半ばで結婚し、しばらくして子どもが生まれました。家族は賃貸アパートに住んでいますが、少し手狭に感じるようになった頃、親しくしている同い年の友人夫婦が家を建てた、という情報（入力）が入ってきます（①）。

　このときＡさんは「家を建てる」ことに関してまだ明確な価値観

を持っていませんが、「若くして家を建てることはできない」という思い込み（信念）を持っているとします（②）。

普段なら価値観にない情報は、価値観で棄却されますが、友人の情報という興味・関心から価値観のフィルターを通ります。そして、「同い年の友人夫婦が家を建てた」という自分の信念に反する情報だったため（②）、驚きとともに感情（③）に到達します。

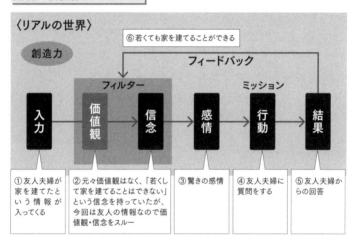

図26　価値観がまだないとき

そして、友人夫婦に「なぜ家を建てたのか」「家が建つまでにどういう経緯があったのか」「土地はどうやって見つけたのか」と質問します（④）。その結果（⑤）、「若くても家を建てることができる」というフィードバックが価値観・信念になされます（⑥）。

③価値観・信念が形成され、ビジョンと欲求が生まれる（図27）

フィードバックの結果、「家を建てることに対する好感」という価値観（⑦）が生まれ、「若くても家を建てることができる」という信

念（⑧）も形成されます。

続いて、家を建てることに関してプラスの感情（⑨）が湧き、想像力を使って、「家を建てて、家族で楽しく暮らしている状態」というビジョンをおぼろげながら描くようになります（⑩）。ビジョンが描けたので、「家を建てたい」という欲求とともに、「自分にも家を建てることができるのか調べたい」という欲求が生まれ（⑪）、プラスの感情が湧きます（⑫）。

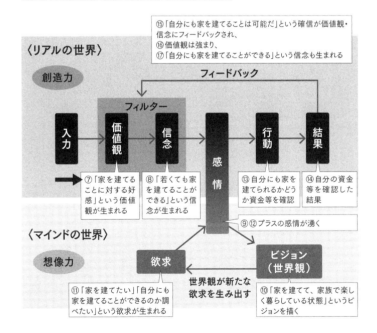

図27　価値観・信念の形成とビジョンの誕生

リアルの世界では、ビジョンの実現が可能かどうか自分の資金を計算する、などという行動を起こします（⑬）。そこから「自分にも

家を建てることが可能だ」という結果が得られ（⑭）、それが価値観・信念にフィードバックされます（⑮）。「家を建てることに対する好感」という価値観はより強まり（⑯）、「自分にも家を建てることができる」という信念も生まれます（⑰）。

④入力が価値観・信念を通り、ビジョンが明確化していく（図28）

　価値観・信念が形成されたので、次からはスムーズに価値観・信念を通るようになります。

図28　ビジョンの明確化

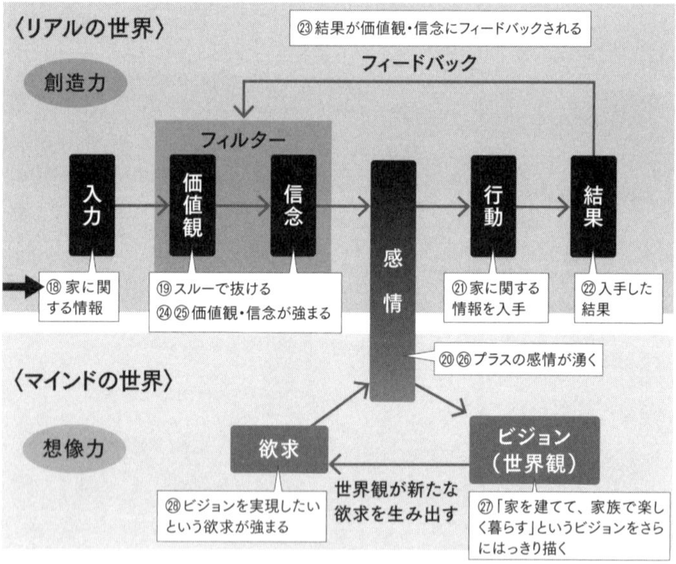

　素敵な家を見れば（⑱）、価値観・信念を抜けて（⑲）、ワクワクする感情を味わい（⑳）、その素敵な家を「じっくり見る」という行動をとります（㉑）。じっくり見た結果として（㉒）、「こんな風に建

てると素敵だ」とフィードバックされます（㉓）。そして、「家を建てる」ことに関する価値観が強まり（㉔）、「自分には家を建てることができる」「素敵な家とはこういう感じだ」という信念が追加されます（㉕）。

　家に関するほかの入力も同様に価値観・信念にフィードバックされていきます。プラスの感情が強まり（㉖）、入力で得た情報を取り入れながら、より具体的にビジョンを描けるようになり（㉗）、ビジョンを実現したいという欲求も強くなっていきます（㉘）。

⑤リアルの世界でミッションを起こし続け、ビジョンが実現する（図29）

　価値観・信念が育ち、ビジョンがより明確化したので、リアルの世界でビジョンを実現するために、「創造力」を使って行動に移すようになります（㉙）。これまでは「見る」「聞く」「調べる」というような行動でしたが、次はモデルハウスへ足を運んでみたり、ハウスメーカーを決めて間取りを相談しに行ったり、家を建てるための具体的な行動（ミッション）を実行するようになります。

　行動の結果（㉚）が価値観・信念にフィードバックされ（㉛）、プラスの感情が湧き（㉜）、ビジョンがより明確化し（㉝）、「家を建てたい」という欲求が強くなっていきます（㉞）。

　この一連の流れ（ミッション）が何度も繰り返され、ビジョンを実現するための行動を起こし続けた結果、「家を建てて、家族で楽しく暮らしている自分の状態」というビジョンが達成されます。

図29　ビジョンの実現

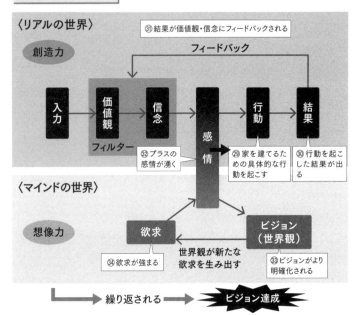

　最初は家を建てるというビジョンを持っていなかった人が、友人からの情報という入力によって新たな価値観・信念が作られ、最終的に「家を建てて、家族で楽しく暮らす」というビジョンを実現するまでを見ていきました。

　この例ではビジョンが実現しましたが、価値観・信念に新たな負の情報（入力）があれば、このビジョンを描くことを諦める可能性もあります。例えば、「転勤などのライフスタイルの変化に対応しづらい」「近隣トラブルがあっても住み替えが難しい」といった家を建てることに関するデメリットに関する情報が入った場合です。

　その場合、「家を建てることはやめるべきだ」という価値観・信念が作られると、リアルの世界とマインドの世界の感情がせめぎ合う

ことになります。家を建てることについてリアルの世界の感情はマイナスとなり、マインドの世界の感情はプラスとなっているからです。

　せめぎ合った結果、より強いほうの世界の感情に沿って行動することになります。**マインドの世界の感情のほうが強ければビジョンは実現しますし、リアルの世界の感情が強ければビジョンは実現しません。**

　このように、価値観・信念は、正の感情を湧かせるのか、負の感情を湧かせるのかのカギを握っており、ビジョンを描けるかどうかの重要な要素にもなっています。本来持っているビジョンを達成できるかどうかは、リアルの世界の価値観・信念にかかっています。本書ではこの後、すでにでき上がっている価値観・信念をどう書き換えていくかを詳しく説明しますので、引き続き学んでいきましょう。

第 5 部

「感情」の
コントロール
方法を知る

12時間目 抑圧される「感情」

リアルの世界とマインドの世界をつなぐ唯一の要素が「感情」です。それぞれの世界における感情が矛盾しなければ、リアルの世界とマインドの世界がうまく循環します。真のビジョンも描きやすくなり、ミッションの実行もスムーズに行うことができます。この時間は、感情に対する理解を深めるとともに、うまくコントロールするための方法について学びます。

感情の「大きさ」と「種類」

音は波のような性質を持っており、感情もそれと似ています。人は、声帯を振動させることによって声を発しています。音の振動は波で表現されます（図30）。

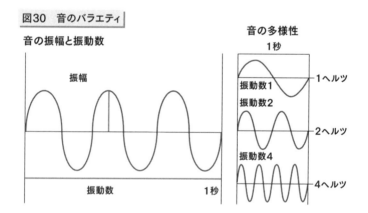

振動の中心からの距離を振幅と言い、振幅の大きさが音の大きさを表しています。また、音源が1秒間に振動する回数のことを振動

数と言い、例えば1秒間に3回振動していれば3Hz（ヘルツ）と表します。振動数（Hz）の値が大きいほど音は高くなり、小さいほど音は低くなります。振動数の違いだけ音の高低がありますから、音は多様性を持っています。

活学では、**感情も音と同様に波の性質で表現できる**と考えます。振幅の大きさが、感情の大きさを表します。喜怒哀楽で代表されるように振動数の違いや複数の感情の重ね合わせで、感情も多くのバラエティがあると考えることができます。

この「振幅の大きさ」と「バラエティの種類」を使いこなし、感情を適切に扱うことを「感情のコントロール」と言います。「感情」のコントロールがうまくいかないケースは2通りあり、「感情の暴走」と「感情の抑圧」です。

感情が暴走してしまえば、感情にのまれ、理性的に物事を考えることができなくなってしまいます。対人関係がうまくいかなくなり、社会に順応することも難しくなります。

逆に、**感情を抑圧すれば感情をスムーズに出すことができなくなるだけでなく、豊かに感情を感じることも難しくなります**。自分の感情に疎い人は、他者の感情にも疎くなります。他者の感情を汲み取る力や共感力も乏しくなり、人との感情の分かち合いもドライになります。

感情のコントロールを、車の運転に例えて考えてみましょう。車を運転するときに主に使うのは、ハンドル、アクセル、ブレーキの3つです。感情の抑圧は、ブレーキに相当するものです。一方で、感情の暴走はアクセルを踏んだときに止めようとしてブレーキを踏んでも、ブレーキが壊れて制御ができなくなるイメージです。

まずは感情が抑圧される理由について考えましょう。

感情が抑圧される理由

①ルーチンワークを過ごすうちに、感情が湧きづらくなった

　4時間目にあった「小学生の一日」の例のように、毎日のルーチンワークに従い、時間に追われるように生活し続けると、その過ごし方に疑問も感じず、**目の前のことにだけ注力するような過ごし方**になっていきます。このような生活を繰り返していると、感情が湧きにくくなり、味わう感情の種類も広がっていきません。

②感情を出さないことが美徳だと刷り込まれてきたから

　子どもの頃、学校や家庭で、「大人しくしなさい」「泣いてはいけません」「怒ってはいけません」と言われた経験はないでしょうか。**「感情を出すのは良くないこと」と刷り込まれ**、感情を抑制することが美徳のように教育されてきました。

　学校教育において、クラスを1つにまとめて授業をスムーズに行うために、感情の抑制が必要な場合もあります。しかし、感情の抑制を教えるなら、感情の出し方についても教える必要があるはずです。感情を抑えることばかりに重点を置くと、感情の出し方がわからなくなるとともに、感じる力も失われていきます。

　大人の社会でも同様で、**「礼儀・礼節をわきまえて感情表現は控え目にするべき」**という社会通念があります。特に、負の感情である怒りを表に出したり、人前で泣いたりすることがはばかられる傾向があります。また嫉妬や恨みといった感情は、「良くない感情」として疎まれる傾向があります。

　こういった価値観・信念が自分の中で強固になると、人は感情を持つこと自体に羞恥心や罪悪感を感じるようになり、感情が湧いてきても自分自身で抑圧するようになります。感情を抑圧すれば、自

分が今何を感じているのかわからなくなり、マインドの世界観が広がらなくなります。そして、制限のない自由なビジョンを描くことができなくなってしまいます。

③価値観・信念を刷り込まれて自分軸が弱まったから

「○○すべき」「○○せねば」などの価値観・信念を刷り込まれると、自分で自分に制約を与えてしまいます。その価値観・信念に自分が当てはまらないと自信をなくし、劣等感を感じて自分軸が弱くなってしまいます。

　感情が抑圧されると、人から褒められて素直に喜んでもいい場面でも、「どうせお世辞か、社交辞令だろう」というように、正の感情を抑圧してしまいます。せっかくの正の感情であっても、素直に感じることができなくなってしまいます。

④感情を出すことへのデメリットや怖さがあるため

　さまざまな対人関係を重ねていくうちに、人は感情を出すことへのデメリットや怖さを感じるようになります。

・相手に負の感情をぶつけたら関係性が悪くなった
・相手から負の感情をぶつけられて嫌な気持ちになり、相手と距離を置くようになった
・職場で負の感情を出したら居心地が悪くなった
・職場で負の感情を出している人を見て、その人に対して負の感情を抱いた

　このように、感情を出すことへのデメリットや怖さが価値観・信念に何度もフィードバックされると、人は感情を抑圧するようになります。

139

⑤低欲求の成熟社会で感情を感じる機会も必要性も減ったから

　何かを手に入れたいという欲求が生まれれば、その欲求に対して感情が湧き、ビジョンを描くことができます。ビジョンを描くことができれば、さらに感情が湧き、行動を起こそうとします。

　成長社会では、冷蔵庫、洗濯機、テレビ、クーラー、車というように、人々が欲しいと思うものであふれていました。しかし現代は欲しいと思う前にすでに持っている、あるいは持っていなかったとしても、簡単に手に入れることができてしまいます。

　もちろん、欲しい物を手に入れることだけがビジョンではありませんが、**「持っていないものを手に入れたい」というわかりやすい欲求が社会全般で減ってしまった**ため、感情も湧かなくなってしまっています。

負の感情も必要な感情

　「負の感情を持つのは良くないこと」というのが、社会の風潮です。親、友人、学校、職場、テレビ、ネットなどから「ポジティブに考えられるほうが素晴らしい」「人前で負の感情を出すのは恥ずべきことだ」というように、負の感情を持つことに対して否定的な考えを持たされてきました。その実感から、「負の感情を持つのは良くないこと」という価値観・信念が刷り込まれています。

　相反する思考法（3時間目）で学んだように、この世にあるすべてのものは二律背反しています。正の感情があるなら、負の感情もあります。「空虚」を感じたことがなければ「充実」をより豊かに味わうことができないように、**負の感情を味わった経験があるから、正の感情をより豊かに味わうことができます**。

　とはいえ、正と負の感情を同じ量持つ必要はありません。ステーキに少しの塩をかけると美味しくなるように、**少量でもいいので適**

140

切に負の感情を味わうことが、正の感情を豊かに感じるためにも必要です。

感情にフタをする「心の電池」

負の感情を受け止め切れないときに、人はその感情を心の奥底に封じ込め、感じないで済むようにします。それは、見たくないものを入れ物に入れてフタをするのと似ています。そしてフタが簡単に開かないように重しを乗せます。

活学では**人が感情を抑圧するために使う重しのことを「心の電池」**と言います。心の電池とは、人が持って生まれたパワー（活力）のことで、この世に誕生した時点で満タン（100％）です。しかし、負の感情を封じ込めるために、心の電池を重しとして使うと、そのぶんのパワーが減っていきます。**封じ込めている負の感情が大きければ大きいほど、また、封じ込める回数が多ければ多いほど、心の電池の量は減っていきます。**

封じ込めている負の感情がほとんどない場合は、心の電池を使って重しにする必要がないため、多くのエネルギーをビジョン実現のために使うことができます。2つの世界の感情の循環もスムーズで、真のビジョンを描くこともミッションを実行することもスムーズです。

一方、封じ込めている負の感情が多い場合、フタが開かないように、心の電池をたくさん使っているぶん、活力が減っている状態です。

感情を封じ込めると、その感情があることも、その感情を引き起こした出来事も記憶から消えます。そのため、**リアルの世界にいる自分は、封じ込めた記憶や負の感情にアクセスすることができなくなってしまいます。**しかし、実際にはその記憶も感情も消えたわけ

ではなく、マインドの世界に封じ込められて、重く冷たい鉛のように鎮座しています。これが感情を抑圧する仕組みです。

封じ込めている負の感情が多くなると、リアルの世界とマインドの世界の「感情」の循環が滞ってしまい、2つの世界の結びつきが弱くなってしまいます。リアルの世界にいる自分は、マインドの世界の欲求にアクセスできなくなるため、制限のない自由なビジョンを描けなくなってしまいます。

自分自身の活力がなくなったときに、**「もうこんな状態は辛い、失った活力を取り戻したい！」と思えたときはチャンス**です。重しが少しずつ外れ、フタが開きそうになっています。内観（19時間目）によって記憶をたどり、そのときに感じて封じ込めた感情を思い出してみましょう。

そこに隠されている感情は、自分が感じたくない、あるいは過去に扱い切れなかった感情です。子どものときには受け止められなかった感情も、大人になった今なら受け止めることができるかもしれません。フタを開けて思い出し、その感情を味わうことでコップの中からその感情を解放してあげましょう。それができれば心の電池も回復するので、失った活力を取り戻すことができます。

第5部 「感情」のコントロール方法を知る

13時間目 感情をコントロールする3つの能力

感情をコントロールする3つの方法も、車の運転に例えて説明できます。1つ目は「感情を増幅させる能力」で、「排気量」に相当します。2つ目は「感情の分解能」で、アクセルとブレーキ。3つ目は「感情の区分け能力」で、「ハンドル」に相当します。

①感情の増幅能力

排気量50ccの原動機付自転車より、1000ccの大型バイクのほうが当然、力強く走ることができます。特に上り坂や山道などの険しい道では、排気量の差が歴然と表れます。

感情において「排気量」に相当するのは、「感情の増幅能力」です。これは、感情の振幅量を増幅させる能力のことで、**感情をどれだけ大きく強く感じられるか、そして表に出せるか、という能力**になります。

人の生命力（イキの良さ）は、感情の発露で見て取ることができます。赤ちゃんは感情表現が豊かです。泣きも笑いもしない、能面のような赤ちゃんがいたら、「この赤ちゃんは大丈夫だろうか」と心配になるはずです。感情を出さない赤ん坊には生きるエネルギーを感じられず、命の危険があると感じるからです。

では、感情の振幅量が大人になると小さくなってしまうのはなぜでしょうか。人は大人になるにつれ、感情をコントロールして表現できるようになります。しかし、感情をコントロールした結果ではなく、感情を抑制・抑圧した結果、感情がスムーズに湧かなくなり、感情の振幅が小さくなってしまうことがよく起こります。

143

感情の振幅が小さいと、自分自身が感情を持っていることに気づかず、人としてのパワーや欲求が弱まってしまいます。また、負の感情を持っていても、そのことに気づけないため、負の感情を解消することができません。

　普段から感情を抑圧していると、負の感情だけでなく正の感情も湧きづらくなり、自分は今うれしいのか悲しいのかさえわからなくなってしまいます。心の底からの喜びや楽しみも感じづらくなり、腹の底から笑うことができなくなります。

　すると、**豊かに感じられるはずの世界が、モノトーンのようにしか感じられなくなり、活力を持って生きられなくなります**。感情があまりに抑圧され、精神的に病んでしまうと感情が出なくなります。

　感情をどれだけ大きく強く感じられるか、そして表に出せるかという「感情の増幅能力」を高めることで、自分で自分の感情を感じ取れるようになり、欲求やビジョンを描く力も強くなります。「感情の増幅能力」を高めることは、真のビジョンを描けるようになることとつながっています。

・感情の増幅能力を育てる方法

　心理学にジェームズ・ランゲ説という理論があります。簡単に表現すると、「悲しいから泣くのではなく、泣くから悲しいのだ」というものです。

　活学では、感情から行動に向かうと考えます。行動から感情に進むまでには、結果が新たな入力となり、価値観・信念を通り感情に到達します。「泣くから悲しい」と増幅されるには、感情表現をした行動を自分で認識していく必要があります。

　感情の最大値にはマインドの世界側の「元々の最大値」とリアルの世界側の「理性での最大値」があり、「元々の最大値」のほうが感情の振幅が大きくなります。通常生活では「理性での最大値」まで

しか届きませんが、サプライズや不意打ちにより、キレたり、感情にのまれたりするなど理性が飛んでいる状態では欲求のガソリンに火がついた状態になり「元々の最大値」に届くことがあります。

理性的に「元々の最大値」に近づけるためには、**感情を強く動かして、行動している自分を認識し、その自分を「感情を出していい」とゆるしていく**ことになります。歌や演劇などで自分の感情を出していく、漫画やドラマなどの登場人物に共感して追体験を行うなどの方法が有効です。漫画やドラマで予想していなかったサプライズな展開に感情を強烈に揺さぶられると効果的です。

②感情の分解能

感情の強弱を細かく感じ取ったり、感情を段階的に滑らかに放出したりできる能力を、活学では「感情の分解能」と言います。感情の強弱を細かく感じることができない人は、感情をコントロールすることができずに、感情がすぐに上がったり下がったりします。

車を運転するときには、アクセルの踏み込む量に合わせて速度が上がることで、スピードをコントロールできます。アクセルを徐々に踏み込んでいるにもかかわらず、ある時点で急に「ブワン！」とスピードが上がるようなことがあれば怖くて運転できません。これが感情の暴発です。

感情の分解能についても、「波」のグラフで考えてみましょう（図31）。

3つのグラフの振幅と振動数はすべて同じで、点の密度だけが違っています。波の幅を点の集合だと考えたとき、点と点の間隔が粗いほど分解能も低くなり、点が細かいほど分解能も高くなります。

図31 感情の分解能

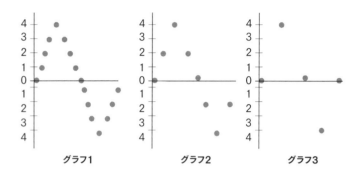

・グラフ1の人

　感情の分解能が高いので、段階的に滑らかに怒り、滑らかに落ち着くことができます。そのため、自分の感情にのまれたり振り回されたりせず、冷静に相手に自分の意志を示すことができます。周りの人にも冷静に対処できるので、良好な人間関係を築くことができます。

・グラフ3の人

　100％で怒るか、まったく怒らないか、という二者択一に近い形になります。怒りが爆発した場合、自分自身も怒りにのまれ感情を制御することができません。強い怒りをぶつけることで相手の感情を害してしまい、人間関係が悪化してしまいます。

　もしくは、「冷静に伝えられないくらいなら」と、相手に意志を伝えずに、自分の感情を抑圧してしまう場合、否定的な感情を抱き続けることとなり、執着に変わってしまいます。

・分解能を上げる方法

分解能はテレビのボリュームと似ていて、音量を細かく上げ下げできるかがポイントになります。相反する思考法を使い、感情の強さを比較しながら、違いを体感、記憶していくことで、目盛りを細かくしていきます。感情の違いがわかれば目盛りが細かくなりますし、違いがわからなければ同じ目盛りとなります。

分解能を鍛えるにも、演劇やドラマの登場人物の真似が効果的です。同じ感情表現の演技を繰り返し、微妙に声量を変えて感情の強さを上げ下げしながら違いを出していき、自分でその違いを認識することで分解能が鍛えられます。

③感情の区分け能力

絵を描くときに、色鉛筆が4色しかないのと50色あるのとでは、当然、50色のほうが彩り豊かに描くことができます。たくさんの色があるように、感情にもさまざまなバラエティがあります（図32）。

図32　感情のバラエティ

喜び	嬉しい、楽しい、幸せ、満足、感動、ワクワク、充実、面白い
好き	愛、恋、憧れ、尊敬、敬愛、好み、親しみ
嫌い	不愉快、不快、うんざり、嫉妬、恨み、憎しみ、憎悪、怨恨
悲しみ	切ない、寂しい、哀愁、悲哀、悲嘆
怒り	不機嫌、苛立ち、憤り、激怒
退屈	我慢、辛抱、忍耐
優越感	優越、自信、自尊、勝利、支配、所有
劣等感	劣等、不信、自虐、敗北、恥辱

例えば「好き」には、「愛」「恋」「憧れ」「尊敬」「敬愛」「好み」「親しみ」などがあり、同じ「好き」という意味ではあっても、すべて異なる感情です。このような感情におけるバラエティを「感情の多様性」と言い、**自分の感情がどれに当てはまるのか適切に定義すること**を「感情の区分け」と言います。

　図33は、「感情の多様性」と「感情の区分け」を表したイメージ図です。箱は感情の種類を表しており、箱ごとに感情の種類が違います。多くの感情を言葉で定義できているほど、感情の箱をたくさん持つことができ、その感情を感じたときに適切に該当する箱の中に区分けすることができます。

　もし、「嫉妬」という言葉や意味を知らなければ、「嫉妬箱」を持つことはできません。あるいは「嫉妬箱」を持っていたとしても、言葉の定義があいまいであれば「イラつく」などのように、別の箱に入れられてしまう可能性があります。

　感情を区分けして言語化することができれば、どう取り扱えばいいかがわかります。特に、それが負の感情だった場合、相反する思考法を使って矛盾統合することで、負の感情を手放すことも可能になります。

　例えば、「なんとなく不愉快だ」というように大枠で分類した場合、不愉快になっている原因の感情が区分けできていないため、対処のしようがありません。

「不愉快だ」という感情の主な理由が「羨ましい」や「妬ましい」という感情だとわかったとすると、どのような点が羨ましいのかを内観（19時間目）し、「それは本当に羨ましいことだろうか」と相反する思考法（17時間目）を使うことができます。矛盾統合することができれば、負の感情を手放すことができるようになります。

図33　感情の多様性と感情の区分け

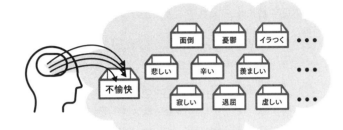

　負の感情を「怒り」の箱に入れてしまう場合は特に注意が必要です。感情には、一次感情と二次感情があると言われており、「怒り」という感情は、二次感情に分類されます。一次感情とは、二次感情（怒り）を感じる前に感じた感情であり、不安、心配、恐れ、絶望感、罪悪感、悲しさ、惨めさ、虚しさ、寂しさ、孤独感、羞恥心などです。人は、「不安」「惨めさ」「孤独感」などの一次感情を感じることを怖れます。そこで加害者を作り出し、その加害者を攻撃する感情（怒り）を抱くことで、元々あった不安な感情や、惨めな感情を味わわなくてもいいようにします。

　「怒り」という感情を感じているときには、一次感情のほうで区分けを行い、相反する思考法で負の感情を手放すようにします。また、「嬉しいけれど面倒」というように、同時に複数の感情を感じる場合も「嬉しい」と「面倒」を区分けするようにします。

　自分はどの一次感情を感じているのかを内観して探り、適切な感情の箱に区分けすることが、感情のコントロールにつながり、負の感情の解消にもつながります。

・区分け能力を育てる方法

　感情のバラエティは、**小説、エッセイ、マンガ、ドラマ、映画、アニメなどを見ることでも増やすことができます**。その際には、「ながら作業」ではなく、感情に共感しながら、没入して見ることが大切です。分析することなく、登場人物になり切り、一緒に同じ感情に浸り共感するようにします。すると登場人物の感情の機微や動きがわかり、より多くの感情を感じることができるので、感情のバラエティを増やすことができ、感情を区分けする能力を上げることができます。

14時間目 「本来の感情」と「理性的感情」

「感情」は、リアルの世界とマインドの世界の両方に存在しています。活学ではリアルの世界の感情を「理性的感情」、マインドの世界の感情を「本来の感情」と呼びます。この2つの感情が一致することが重要ですが、残念ながら多くの人は一致していません。その仕組みについて考えましょう。

「腹」と「頭」にある感情

昔から、本心は「腹」にあるという意味で、「腹を割って話そう」「腹黒い」「腹が立つ」「腹の虫が収まらない」「腹をくくる」など、「腹」を使った慣用句が多く用いられてきました。本心は腹にあり、「本来の感情」も腹にあるという考え方です。

活学では、**腹の中の感情は「本来の感情」**とします。**頭の中の価値観・信念から湧いてくる感情は「理性的感情」**とします（図34）。

これを人体で表すと、「本来の感情」は、腹（マインド）にあり、「理性的感情」は、頭（リアル）にあると捉えることができます。

感情は2つの世界から湧いてきて、2つの感情が一致する場合もあれば、一致しない場合もあります。一致した場合を、「頭と腹が一致している」、一致しない場合を、「頭と腹が一致していない」と

図34 本来の感情と理性的感情

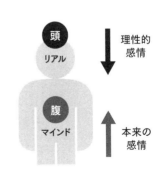

表現します。

感情とビジョンの関係

リアルの世界とマインドの世界の感情が一致している場合、食い違いがないので、スムーズにビジョンを描き、ミッションを実行できます（図35）。

図35 理性的感情と本来の感情の一致

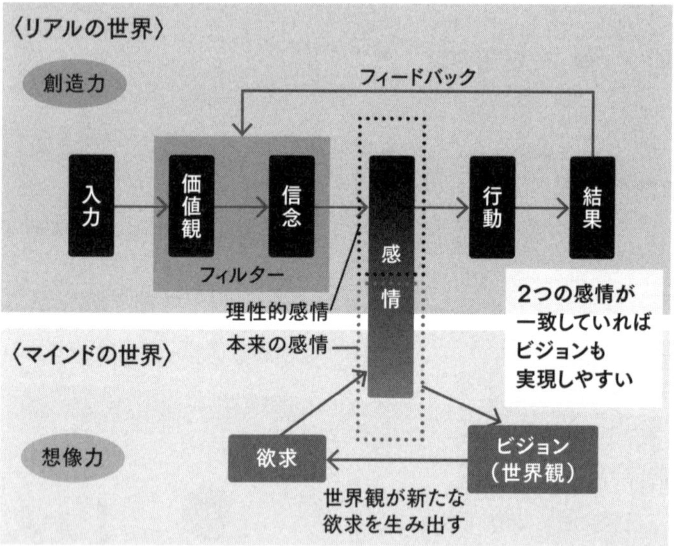

例えば、正の感情とともに、「ピアニストになって演奏している自分」というビジョンを描いている人がいたとします。リアルの世界でも数々のコンクールで優勝し、多くの人から評価されるという「出来事（入力）」があり、ピアニストになることに対して正の感情が湧いています。リアルの世界の「理性的感情」も、マインドの世

界の「本来の感情」も正の感情で一致しているため、ピアニストになるための行動をスムーズに起こすことができます。

しかし、もしリアルの世界で「ピアニストで活躍できるのはごく一部、あなたにはムリ」と周りから反対されるという「出来事（入力）」があったとしたらどうでしょう。マインドの世界ではピアニストになることに対して正の感情が湧いているのに、リアルの世界で負の感情が湧いているため、2つの感情が一致していません。マインドの世界の感情（本来の感情）を優先してピアニストになろうとしても、リアルの世界の負の感情（理性的感情）が邪魔をして、ピアニストになるための行動をスムーズに起こせなくなってしまいます。

かといって、理性的感情に従って生きようとしても、本来の感情のパワーが強いので、2つの感情の間でせめぎ合いになります。なんとか理性的感情に従って行動を起こしても、マインドの世界では負の感情が積もり続け、知らず知らずにストレスがたまり、心身に不調をきたしてしまいます。

真のビジョンを描き、ミッションをスムーズに実行するためには、「本来の感情」と「理性的感情」が一致している必要があるということです。

「感情のすり替え」による感情の不一致

「理性的感情」と「本来の感情」という2つの感情が一致しなくなる原因の1つとして、感情のすり替えがあります。

・「怒り」へのすり替え

前述した通り、**「怒り」は二次感情であり、「本来の感情」からすり替えられた感情です。**人は、「不安」「惨めさ」「ふがいなさ」「虚し

さ」「恥ずかしさ」などの本来の感情を感じたくないがために、「怒り」にすり替えて表現することがあります。この場合の「怒り」は「理性的感情」です。

■「心配」を「怒り」にすり替えた例

　子どもの帰宅が遅く、連絡もない。本来は「不安」を感じ、心配しているが、無事に子どもが帰宅すると「なんでこんなに遅いのよ！」と怒りをぶつけてしまう。

■「虚しさ」を「怒り」にすり替えた例

　良かれと思って家族の健康に配慮した料理を作っているのに、「この料理は好きじゃない」と言われて「虚しさ」を感じているが、「せっかく作ったのにそんなこと言うなら食べなくていい」と言って怒りをぶつけてしまう。

　また、「怒り」という感情は一瞬にして湧いてくるので、本来の感情があることに気づかず、無意識にすり替えることがあります。これは子どもによく見られる傾向で、本来どのような感情を感じているのかわからなかったり、わかっていてもうまく表現できなかったりする場合、物や人に当たって怒りを表現することがあります。

・両親の帰りがいつも遅く、1人で寂しいから怒って拗ねている
・失敗してしまって恥ずかしいが、それを隠すために怒っている

　このように、本来は「寂しさ」「恥ずかしさ」などを感じているのに、その感情に気づかず、もしくは気づいていてもうまく表現できず、「怒り」にすり替えてしまう場合があります。

・「逃避」という感情へのすり替え

　本来、「逃避」は感情ではありませんが、「逃避的感情」とでも言うべき感情がある、と活学では考えます。「逃避的感情」は、理性的感情に分類します。

　「逃避的感情」は、成熟社会になってからよく見られる感情のすり替えです。怒るのにもパワー（活力）が必要なので、パワーのない人は「逃避」に向かいがちです。

　自分が本来感じている感情（劣等感、孤独感、不安感等）を感じたくないがために、その感情を抑圧し、逃避的感情から社会に出ることを拒み、家に引きこもったりします。辛いことがあったときに「死にたい」という欲求を持つこともありますが、これは逃避的感情から生じた欲求であり、本来の感情と欲求（「本当は生きたい」等）は違うこともあるので注意が必要です。

■「劣等感」を逃避的感情にすり替えた例

　職場では自分より優秀な人がたくさんいて、劣等感を感じることに嫌気が差し（もしくは辛くなり）、その劣等感から逃れるために、仕事を休んだり辞めたりして家に引きこもる。

■「孤独感」を逃避的感情にすり替えた例

　学校や職場で集団にうまく馴染めず、その孤独感から逃れるための逃避的感情から、家に引きこもる。

・感情のすり替えによって起こる問題点

　本来の感情を抑圧し、理性的感情にばかり浸ってしまうと、自分が元々感じていた本来の感情が抑圧されてしまいます。**理性的感情のほうが「本当の自分の感情」であるかのように感じてしまい、二次感情から抜け出すことができなくなってしまいます。**抑圧された

感情は、解放されずいつまでも残り、自分の中のパワーを自分で削いでいってしまいます。

「感情の地層モデル」とは

　感情は複数存在し、地層のように積み重なっていきます。活学では、これを「感情の地層モデル」と呼びます（図36）。
「本来の感情」は地層の下部にあり、「理性的感情」は地層の上部にあります。「表に出ている行動」を噴火と捉えます。
「本来の感情」と「理性的感情」は細分化され、地層のように降り積もっていきます。

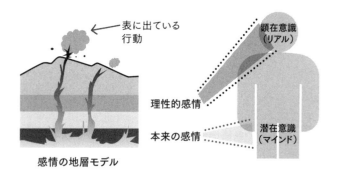

図36　感情の地層モデル

「感情の地層モデル」と人体は相似形になっています。地層の上部にある「理性的感情」は、人体の頭の部分の「顕在意識（リアルの世界）」に当たり、地層の下部にある「本来の感情」は、腹の部分の「潜在意識（マインドの世界）」に当たります。顕在意識と潜在意識については、20時間目に扱います。

負の感情の上にさまざまな感情が降り積もって多層化し、理性的感情で正の感情にすり替えることがあり、その結果として「偽りの正のビジョン」を描くことがあります（5時間目）。

　本来の感情では孤独感、他者への妬み、満たされなさを感じている人がいて、心の空白を埋めるために、理性的感情で優越感を感じようとしたとします。この人が、同情心から「人に優しい自分」というビジョンを描いた場合、真のビジョンにはなりません。**真のビジョンを描けるようになるためには、本来の感情である「孤独感」「妬み」などの負の感情を認識し、見つめる必要があります。**

15 時間目 「執着」を手放すために

✏️ ある「入力（出来事）」が起きたときに強い負の感情が湧き、感情を消化できないことにより価値観・信念が固定化するとしこりが残ります。このしこりを「執着」と呼び、執着があると「片側しか見ない思考」から抜け出すことが難しくなります。執着が生まれる過程について考えましょう。

価値観・信念の固定化

執着は、「感情」ではなく「思考」です。**強い執着を持つと、「○○するべき」「○○であらねば」という思考が強くなり、想像力の入り込む隙がなくなってしまいます。**

これまでにお話ししている通り、想像力が働かないとビジョンを描くことができません。また、「執着」は他者に対する見方を固定化し、他者を許容できる範囲を狭めるため、対人関係が悪化しやすくなります。

ただ、価値観・信念が固定化したからといって、すべてが執着になるわけではありません。例えば、正の感情から価値観・信念が固定化し、「意欲」となることがあります。「良いものを作ろう」「次の試験では合格しよう」などのように、行動に対してプラスに働きます。これが、「良いものを作らねば」「次の試験では絶対合格せねば」となると執着に変わる可能性があります。

また、負の感情から価値観・信念が固定化しても、「意欲」となる場合があります。例えば、「あってほしいものがなくてがっかりした。それなら自分で作ってやる」ということであれば、強い負の感

情を糧に湧いてきた意欲を、自分のビジョンを達成するための強い推進力にすることができています。

一方で、意欲を持って努力をしてもうまくいかなかった場合、いつの間にか意欲が執着になる可能性もあります。

このように、「意欲」と「執着」はまさに紙一重です。**ときどき自分の意欲が執着に転じていないかを内観し、執着になっている場合は、意識的に思考を変化させる必要があります。**

執着が生まれる理由

執着が生まれる理由はいくつかありますが、そのうちの2つをご紹介します。いずれも、感情の地層モデル（14時間目）の下層にある本来感じたくない感情です。自分ではなかなか気づくことができません。

①愛されたいし、孤立や孤独を免れたいから

人は1人では生きていけない生き物です。本能的に孤独を恐れ、愛し愛されたいと願い、お互い助け合って生き延びようとします。一方で、問題行動を起こしたり、弱い自分であったりすることで、他者の関心を引き、孤独を免れようとすることがあります。**「他者から求められるような価値ある人間にならないと、孤独になる」「弱い自分でいることで他者の気を引き、孤立を免れたい」**などと思い込むと執着になります。

■「魅力的な自分であらねば」という執着

魅力的な自分でありたいと思い、自分を磨くのは素敵なことです。**「美しくありたい」なら欲求ですが、「美しくあらねば」というように、「ねば」がついたら執着になっている可能性が高くなります。**

159

孤独に対する恐れから「愛されたい」という欲求を持ち、愛されるために「美しい魅力的な自分であらねば」というように信念が固定化すれば執着になります。

■「周囲の期待に沿った自分であらねば」という執着

「良い人であらねば」「役割を果たさねば」など、**「周囲の期待に沿った自分であらねば」という執着**です。いずれにしても相手の期待に応えられる自分であるべき、という思考になります。

「役割を果たさねば」という執着であれば、役割を果たさないと必要とされないし、愛されないので、孤立したり孤独になったりする、という不安や恐れから生まれています。

■マイナスの行いによって他者からの関心を得て、孤立や孤独を免れたいという執着

　普段あまり親にかまってもらえない子どもが、問題行動を起こしたことで親の関心を引くことができた場合、「問題行動を起こせば親の関心を引くことができる」という思考になることがあります。また、熱を出したときに親が看病してくれて愛されていることを実感した場合に、「弱い自分であれば親から愛してもらえる」という思考パターンになることがあります。

　このように、問題行動を起こしたり、弱い自分でいたりすることで、他者の関心を引くことに成功すると、大人になってからも同じやり方で他者からの関心を引こうとします。

「弱い自分である」ということをビジョンにしてしまうと、本当に弱い自分になってしまうので注意が必要です。

②自己受容ができないから

　劣等感や罪悪感という感情が強いと、自己受容ができなくなりま

す。そのため、**自分の状態をひっくり返して逆の状態になるように「こうあるべき」という執着を持つようになる**ことがあります。

・自分より他者のほうが勝っている→自分のほうが勝っているべき
・自分より他者のほうが幸せである→自分のほうが幸せであるべき
・自分より他者のほうが正しい→自分こそ正しくあるべき

　以上のように、負の感情が信念となり、常態化すると執着になってしまいます。

　17〜19時間目に負の感情への対処法を説明しますが、執着になると「感情」ではなく「思考」となるため、「負の感情」として対処することが難しくなります。執着になる前に、負の感情に対処することが大切です。

執着の外し方

　これまでも説明した通り、執着は感情ではなく思考なので、思考として対処します。日頃から相反する思考法（3時間目）を使った生き方をしていると自然と執着を解消することができます。そのほか、下記でも説明しています。

・20時間目　顕在意識と潜在意識のリンクを強くする
・第8部　描いたビジョン通りに世界は変わる

　相反する思考法を含め、活学全体を通して学ぶことで執着を解消していけるようにしましょう。

第 **6** 部

「負の感情」への
対処法を知る

16時間目 「負の感情」が湧く仕組みと対処法

　人は多かれ少なかれ「負の感情」を抱えながら生きています。そのこと自体が悪いわけではないのですが、感情をコントロールできずに苦しさを感じていて、生き方を変えたいと思っているなら「負の感情」を解消するチャンスです。それが真のビジョンを実現することにもつながっていきます。

「負の感情」が湧く仕組み

　「この出来事があればこんな感情が湧く」というように、**入力と感情の組み合わせが決まっているとき、入力と感情の間にある価値観・信念を合わせて、「解釈」と表現します。また、特定の入力に対して、常に正の感情につながる価値観・信念のことを「正の解釈」**と言い、**常に負の感情につながる価値観・信念を「負の解釈」**と言います。

　入力に対する解釈が一度でなされることはなく、**価値観・信念へのフィードバックが繰り返されることによって、入力に対する解釈が正になるか、負になるかが決まります。**

　例えば、英語を初めて学んだ生徒が、「英語の学習」という入力に対して、よほど感情を動かすことがない限りは、はじめから「正の解釈」を持ったり、「負の解釈」を持ったりすることはありません。「英語の問題をスラスラ解けた」「英語の授業がいつも楽しい」「英語の点数はいつも上位だ」といった「結果」が繰り返し得られることで、「価値観・信念」にプラスのフィードバックがされ続けます。その結果、「自分は英語が好きだし、得意だ」という「正の解釈」を

するようになります。「英語」という入力に、「好き・得意」が組み合わされ、「入力＝正の感情」となっている状態です。

　反対に、「何度やっても英語の問題がうまく解けない」「英語の点数はいつも最下位から数えたほうが早い」「授業で先生に当てられたが、答えられなくてみんなの前で恥をかいた」といった「結果」が繰り返し起こると、「価値観・信念」にもマイナスのフィードバックがされ続けます。その結果、「自分は英語が嫌いだし、苦手だ」という「負の解釈」をするようになります。「英語」という入力に「嫌い・苦手」が組み合わされた、「入力＝負の感情」となっている状態です。

・負の感情の爆弾モデル

　「入力→価値観→信念→負の感情」までの流れは、爆弾に例えると理解しやすくなります（図37）。

　爆弾は内部に「信管」と呼ばれる、爆弾を発火させるための起爆装置があります。この信管がなければ爆弾が爆発することはありません。

　活学では、感情の地層モデル（14時間目）と組み合わせて、**爆弾を「理性的感情」、「信管」を「本来の感情」と捉えます**。「本来の感情」こそが「負の感情」を生み出す根源の感情であり、信管を抜くことができれば、爆発するということもなくなります。

図37　負の感情の爆弾モデル

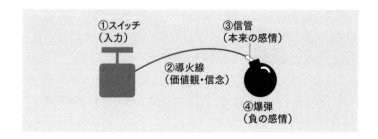

爆弾が爆発するまでの流れは、次のようになります。

①スイッチが押される

負の感情を引き起こす「入力（出来事）」が起きる。

②導火線に着いた火が、スイッチから爆弾まで移動していく

「入力（出来事）」が解釈されていく（信管側へ導火線の火が進む）。

③導火線に着いた火が信管に到達し、小さな爆弾が爆発することで弾子が撒き散らされる

自分の持っている「本来の感情」がフツフツと刺激される（信管で小さな爆弾が爆発する）。

④信管からの熱や衝撃により爆弾本体が爆発する

「本来の感情」がフツフツと刺激されたこと（信管の小さな爆発）が引き金となって、理性的感情である負の感情がブワッと大きく湧いてくる（爆弾本体の大きな爆発）。

以上のように、負の感情を引き起こす「入力（出来事）」が起きる

と、価値観・信念に思考を挟みながら、ある程度の時間（といっても瞬間的ですが）を経過して負の解釈がなされます。そうして本来の感情が刺激されることで、理性的感情である負の感情が大きく湧いてきます。

最初に刺激された本来の感情の小さな爆発が、負の感情（理性的感情）という大きな爆発を引き起こします。大きな爆発に信管の小さな爆発が巻き込まれるため、多くの場合、爆弾の負の感情にのまれてしまい、本来の感情を自分で認識することができません。

・瞬時に「負の感情」が湧く場合

次に、入力が起きると同時に「負の感情」が湧く仕組みを見ていきます。

この場合、解釈に思考を挟む余地がないことになります。本来は「入力→解釈→感情」と順番にたどっていくはずなのに、価値観・信念があまりに強いと、負の感情を引き起こす「入力」が起きたときに一瞬で負の解釈がなされ、理性的感情のほうの負の感情が湧いてしまいます。「入力＝負の感情」となっている状態です。**「負の解釈（価値観・信念）」という名の導火線が短すぎて、スイッチを押すと瞬時に爆弾が爆発してしまいます。**

図38 「入力＝感情」となっている状態

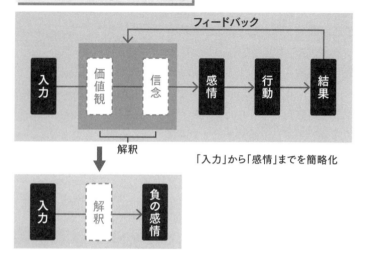

例えば次のような状況です。

・ある言動に対して突然キレる
・ある状況に対して条件反射のように不安な気持ちになる

後述するように、**「入力（出来事）」に対して、解釈（価値観・信念）に思考を挟むことができれば、相反する思考法で負の解釈を別の解釈に変えることができます。**

導火線を長くするには、負の解釈である価値観・信念を見つけ出す必要があります（17時間目）。

・**「負の感情」が湧くのに時間がかかりすぎる場合**

「入力（出来事）」が起きたのに、感情がなかなか湧いてこないこともあります。これは、**スイッチと爆弾をつなぐ導火線が長すぎる状**

態です。

　社会生活にうまく順応したり、自分の感情に折り合いをつけたりするために、知識や経験で「そういうもの」と捉え、負の感情に到達しないように、感情を抑圧する癖をつけてしまった人に多い現象です。または、「負の感情は良くないもの」、「負の感情は持つべきではない」という価値観・信念が強い人にも、こういった傾向が表れやすくなります。

　このような人たちは、社会上は穏やかで良い人に見られ、社会生活を営む上では大きな問題にはなりません。それを自然に行っていて、幸せを感じられるのであれば、無理に負の感情を感じようとする必要はありませんが、このような生き方は感情のバラエティが減るため、活力が減少します。**世界がモノトーンのように感じられ、世界はさまざまな色彩であふれているはずなのに、もったいない生き方**になります。第5部にあるように、抑圧した感情を解放していけるようにしましょう。

自作自演の負の感情

　自分が苦しんでいる原因が、自分で作り上げた負の解釈によるものであるならば、それは自作自演の苦しみであると言えます。

　他者や社会からの不当な言動や圧力、病気やケガで苦しんでいる場合は別ですが、多くの場合、**他者から刷り込まれた信念や自己創造的な信念によって自作自演で苦しんでいます。**

・他者から刷り込まれた信念

　社会から「人としてこうあるべき」というような価値観・信念を刷り込まれ、自分でその価値観・信念を強めたとします。その通りにできなかったときに、**誰かに責められたり、強要されたりしてい**

るわけでもないのに、**自分の価値観・信念に引きずられて無能感や罪悪感に苦しんでいる**としたら、それは「自作自演の負の感情」であり、「自作自演の苦しみ」と言えます。

・自分で生み出した信念

　自分で作った信念に自分で苦しめられるパターンです。**誰に言われたわけでもないのに「自分は価値のない人間だ」と決めつけて、悲劇の主人公になって無能感や罪悪感に苦しみます**。または、「良い人でありたい」という信念がある場合、**人としての理想像を自分で作り、その信念に沿うことができないと無能感や罪悪感に苦しみます**。これらも「自作自演の負の感情」であり、「自作自演の苦しみ」と言えます。

・過去の出来事

「人前で恥をかいた」というような**過去の出来事をいつまでも引きずって、苦い経験を何度も頭の中で反芻し、負の感情を味わい続けている**場合も、「自作自演の負の感情」です。

・未来への不安

　起きるかどうかもわからない大災害を不安に思い、大災害が起きた後の自分や家族を想像して苦しむ。あるいは、病気になるかどうかもわからないのに「病気になったらどうしよう」と思い悩む。

　未来への不安があることで、防衛反応が働き用心することもできるので、不安をすべてなくすことはかえって危険ではあります。しかし、**不安に備えたのにもかかわらずいつまでも未来への不安を感じ続けている**なら、それも「自作自演の負の感情」になります。

　以上のような「自作自演の負の感情」の解消方法は、その**感情が**

自作自演であることに気づくことです。自作自演であると気づいたら、その感情をこの先ずっと味わい続けたいかどうか自問自答してみましょう。味わい続けたくないのであれば、**「自作自演で苦しむのはやめよう」と決心し、それを実行**します。こういった自作自演の負の感情は、感情というより思考に近いため15時間目の内容から執着を解消していきましょう。

負の感情への３つの対処法

活学は、真のビジョンを描いて活力のある生き方ができるようにし、自分という人間を味わい尽くせるようにするための学問です。感情を抑圧し、封印したままでは、真のビジョンを描くことはできません。負の感情を解消することで、本来の自分の感情を取り戻し、真のビジョンを描けるようにしていきましょう。

本講で紹介する負の感情への対処法は３つあります。

①相反する思考法（17時間目）
導火線を切ってつけ替える作業です。比較的取り組みやすい方法ですが、これでは信管や爆弾は残ったままになります。**負の感情自体を消すことはできませんが、「その入力（出来事）」からは負の感情が湧かないようにする**ことができます。

②プルチックの感情の輪（18時間目）
大きい爆弾を小さく分解し、爆発しても大丈夫な大きさにして取り扱いやすくする作業です。強すぎる負の感情を細かく小さくし、取り扱いやすくした後、分析することで負の感情を消していくことができます。

③内観（19時間目）

　信管を抜くことを可能とする方法です。爆弾が爆発しなくなるので根本的な解決になります。

　こちらは難易度が高くなるので、まずは「相反する思考法」や「プルチックの感情の輪」で対処し、ゆくゆくは「内観」で負の感情自体を消せるようにするとよいでしょう。

　以上3つの対処法は、それぞれに難易度が異なります。このことについては、以降の時間の中でお話しします。また、3つの対処法の共通点として、扱いやすい負の感情と、そもそも対象外となる負の感情（思考）があります。

・対処しやすい負の感情

　相反する思考法で扱いやすいのは、最近起きた出来事によって引き起こされた負の感情です。ここ数日、もしくは数週間の間で感じた負の感情で、今もその負の感情がしばしば浮かんで悩まされている……。このような題材から始め、慣れてきたら少し古いものにも挑戦するようにしましょう（ただし、執着にはなっていないもの）。

　一方で、3つの対処法では対象外となる負の感情・思考があります。

・対処しづらい負の感情（思考）①執着

　執着は意識から無意識下に落ちて感情が硬直化してしまっているため、もはや感情ではなく思考です。「相反する思考法」で論理矛盾を起こすことはできても、感情的になり受け入れることが困難です。

　唯一「内観」では対処が可能ですが、少々難しいやり方になります。執着については、15時間目を参考にしてください。また、20

時間目に価値観・信念を変えることで解消する方法を学びますので、そちらで対処するようにしてください。

・対処しづらい負の感情（思考）②未来への不安

「未来への不安」は顕在的な状態（思考）で、感情ではありません。「相反する思考法」「プルチックの感情の輪」で消すことができても、また同じ未来への不安というビジョンが浮かんでくるとすぐに元に戻ってしまいます。加えて、未来への不安は実体験から生じた感情ではないため、負の感情に浸るのが難しくなります。そのため、内観の題材としてもふさわしくありません。

　未来への不安を消す一番良い方法は自分のビジョンに夢中になることです。ビジョンを描き、それを実現するために夢中で生きていると未来に対して不安を抱いている暇がないからです。また第8部を学ぶと未来に対しての不安の解消につなげられる可能性があります。

・対処しづらい負の感情（思考）③振幅のない感情

　多くの感情には「振幅」がありますが、「振幅」がほとんどない感情があります。例えば、虚無感、罪悪感、劣等感です。虚無感は感情というよりは状態で、罪悪感や劣等感は、感情というより信念です。信念は負の感情ではないため対象外となります。

　虚無感については、②と同様に、ビジョンを描き、ミッションを実行する中で解消できます。

17
時間目

「相反する思考法」で切り離す

活学の土台となる「相反する思考法」を活用した、負の感情への対処法を紹介します。3つの対象方法の中では比較的取り組みやすい方法なので、まずはこの方法を試してみてください。

相反する思考法による対処法の流れ

3時間目にお話しした通り、相反する思考法は、「二律背反」「万物流転」「矛盾統合」の3ステップです。

負の感情への対処法として、まずは**二律背反で正の感情を作り、正の解釈に浸ります**。次に**万物流転で正と負の感情、正と負の解釈を同時に捉えます**。最後に、**それぞれの矛盾を統合**します。

相反する思考法には、想像力が必要になります。「入力（出来事）」を思い浮かべる、「負の解釈」を取り出す、「正の感情」に浸るといったプロセスがあります。想像力を働かせて行ってみてください。

ここから、相反する思考法によって負の感情へ対処する方法を紹介しますが、解消するまでのステップが多いため、「こんなことができるのだろうか」と不安に思うかもしれません。しかし、慣れればこの作業は一瞬で終わります。最初は大変ですが、まずはやり方を理解していきましょう。

二律背反：「正の解釈」を作り「正の感情」に浸る

・**ステップ①負の解釈を見出す**

「相反する思考法」の最初のステップは、負の感情を起こす原因となった「入力（出来事）」と感情の間にある「負の解釈」を見出しておくことです。

相反する思考法は、今ある解釈に対して反対の解釈をぶつける思考法です。そのため、相反する思考法を行う前には、**負の感情を起こす原因となった「入力（出来事）」と負の感情の間にある「負の解釈」を見出しておく**必要があります。

まずは、負の感情を引き起こしている「入力」を思い浮かべてみましょう。そのときに、「入力」を思い浮かべただけで、「負の感情」が湧いてくるようであれば、入力と感情が一体化しています。

例えば、職場で上司から、Aという仕事を任されたとします。ところが、その仕事内容を思い浮かべただけで「やりたくない、気が重い」という強い抵抗感が湧いてきます。このとき、「なぜやりたくないのか」という解釈は浮かんできませんでした。

これは、「Aという仕事＝不快」という状態です。本来は、「入力→解釈→感情」という順番になるはずなのに、「入力＝感情」になってしまっています。「入力」と感情の間に何の思考も挟んでいないため、「負の解釈」を見出すことができていません。

「Aという仕事」が不快な理由が、「やったことのない仕事で、手順がわからないから」というように負の解釈を見つけ出すことができれば、ステップ①は成功です。

この例のように「入力＝感情」という状態になってしまっているときは、再度「入力」を思い浮かべ、なぜその「入力」を思い浮かべただけで「負の感情」が湧いてくるのか、「負の解釈」を見つけ出す、という作業を行います。

・**ステップ②正の解釈を作る**

負の解釈を見出すことができたら、次は**「負の解釈」とは相反す**

る「正の解釈」を作ります。

　前述の例で考えてみましょう。「今回任された仕事はやったことがないので、手順がわからないから強い抵抗感が湧いてしまった」ということであれば、「手順がわかればやり遂げることができる」というのが「正の解釈」になります。正の解釈は機械的に作り出すものであり、その時点では否定したい気持ちが湧いてくるはずです。その気持ちを脇において、「正の解釈」をあるがままに受け入れます。

　これを爆弾で考えると、「負の解釈」以外に、「正の解釈」という導火線をもう1本用意した状態になります（図39）。この段階では、まだ「正の解釈」という名の導火線はスイッチにもつながっていないし、行き着く先（感情）もありません。

図39　正の解釈を作る

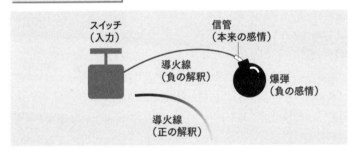

・ステップ③正の感情に浸り切る

　次は**「正の解釈」から生まれる「正の感情」を取り出します**。「ワクワクする」「面白そう」「誇らしい」など、できるだけたくさんの正の感情を取り出します。「正の感情」を思い浮かべ、感じるだけでもいいですが、書き出したほうがより効果的です。

　負の感情のパワーが強い場合、どうしても負の感情に引っ張られがちです。大事なのは、**「入力（出来事）」と「負の感情」は無視して**

「正の解釈」だけを見ること、そして他人事ではなく、自分ごととして感じられるくらい「正の感情」に浸り切るということです。

　この段階では、「負の解釈」をひっくり返して「正の解釈」を作っただけなので、まだ「入力（出来事）」とはつながっていませんが、正の感情を感じ切ることができれば、「正の解釈」と「正の感情」をつなげることができます。今回の例では、「手順がわかり、順調に作業に取り組めること」による、面白さ、やりがい、喜びといった「正の感情」に浸って感じ切ります。

　「正の感情」に浸ることで、「正の解釈」という名の導火線が行き着く先が初めて生まれます。「正の感情」は、導火線についた火が消えるイメージにしたいので、「水の入ったバケツ（正の感情）」につなげます（図40）。

図40　正の感情に浸り切る

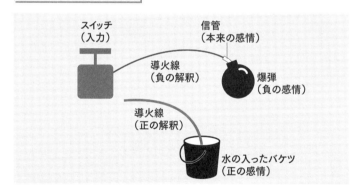

「正の解釈」から「正の感情」を感じ切ることができれば、導火線（正の解釈）を、水の入ったバケツ（正の感情）」につなげることができます。しかし、この段階ではまだ、導火線（正の解釈）はスイッチにつながっているわけではありません。

万物流転：矛盾した解釈と感情を同時に見る

　二律背反で「負の解釈」に対して相反する「正の解釈」を作ったことで、矛盾した解釈が同時に存在しています。さらに、「負の感情」と「正の感情」という2つの矛盾した感情も同時に存在しています。

　万物流転では、**この2つの矛盾した解釈、感情を行ったり来たりしながら眺めます**（図41）。そして、その眺めている自分自身をもう1人の自分が外観します（自分の心の中を見つめることを「内観」と言い、自分の状態を客観的に見ることを「外観」と言います）。この状況が「万物流転」です。

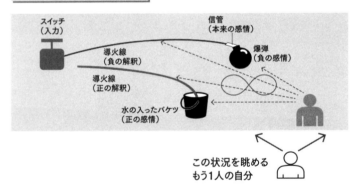

図41　自分を客観的に眺める

・ステップ①自分を客観的に眺める
　2つの導火線、爆弾、水の入ったバケツの4つを同時に見て認識している自分を客観的に眺めます。
　ここでの例では、「やったことがない仕事は、手順がわからないのでやり遂げることができない」という負の解釈から負の感情を感

じている自分と、「やったことがない仕事でも手順がわかればやり遂げることができる」という正の解釈から正の感情を感じている自分の、2つの自分を客観的に眺めます。

・ステップ②入力と正の解釈を結びつける

この段階ではスイッチ（入力）と導火線（正の解釈）は、まだつながっていません。そこで、スイッチと導火線をつなげる作業を行います。

想像力を使って「入力」と「正の解釈」が結びつくことを感じてみます。 負の感情を湧かせる原因となった「入力」と、先ほど作った「正の解釈」をイメージの力でつなげてみましょう（図42）。

図42　入力と正の解釈を結びつける

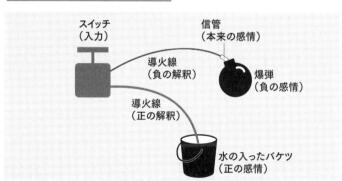

ここでの例では、「今回任された、やったことのないこの仕事内容」という入力と、「手順がわかれば仕事をやり遂げることができる」という正の解釈を、「この仕事も手順がわかればやり遂げることができる」とつなぎます。

「スイッチ」と「導火線」がここで初めてつながりました。導火線

が2本できたことで、火がどちらの導火線に行こうか迷います。そのぶんだけ爆弾が爆発するまでの時間を長くすることができるようになりました。

矛盾統合：矛盾した解釈と感情を矛盾統合する

　万物流転を行ったことで、同じ「入力（出来事）」に対して、2つの相反する解釈と感情の4つを同時に見ることができるようになりました。すると、どちらの解釈もあり得るということがわかります。**相反する解釈から矛盾統合することができれば、「矛盾統合してできた新たな解釈」が生まれます。**

　下記の例のように、想像力を使って「矛盾統合してできた新たな解釈」が取り出せるかどうか考えてみましょう。

・ステップ①新たな解釈を作る
「新たな解釈」という3つ目の導火線を作ります（図43）。コツとしては「そもそもこれはどういうことなんだろう？」と考えていくことです。

図43　新たな解釈という導火線を作る

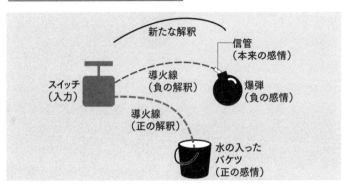

例では、「初めての仕事は手順がわからないのでうまくできない」という負の解釈と、「初めての仕事でも手順がわかればうまくできる」という正の解釈を「この仕事は手順を見つけられるかどうかのゲームのようなものである」と統合します。

　相反する2つの解釈を矛盾統合すると、「新たな解釈」という3つ目の導火線が現れますが、この段階では現れただけでまだスイッチにはくっついていません。

・ステップ②入力と新たな解釈を結びつける

　「新たな解釈」という導火線をスイッチにつなげるために、今回の**負の感情を湧き上がらせた「入力（出来事）」を思い浮かべ、それを「矛盾統合してできた新たな解釈」につなげます。**

　ここでの例では、「やったことのないこの仕事」という入力と、「この仕事は手順を見つけられるかどうかのゲーム」という「矛盾統合してできた新たな解釈」をつなげます。

　うまくつながると、矛盾統合したほうの解釈が残るので正の解釈も負の解釈も消えることになります。負の感情は単独で残った状態となりますが、感じるきっかけがなくなります。正の感情は、「相反する思考法」で使用しただけなので、長い間強い感情として持ち続けた負の感情とは違い、次第に消えていきます。

　こうして相反する2つの解釈を矛盾統合し、スイッチには「新たな解釈」という名の導火線につなぎ変えたことで、「負の解釈」と「正の解釈」の導火線は消えました（図44）。**「矛盾統合してできた新たな解釈」から感情は湧いてきません。**

　矛盾統合して作った「新たな解釈」はスイッチにつながっているだけで、その先はどこにもつながっていません。これでこの入力から負の感情を味わうことはなくなりました。別のスイッチと導火線

第6部　「負の感情」への対処法を知る

が残った爆弾につながらない限りは爆発することはありません。

図44　新たな解釈をスイッチにつなぎ変える

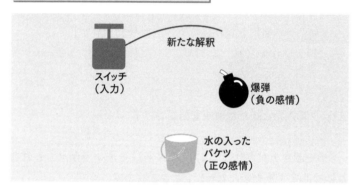

相反する思考法の限界と有効性

　前述したように、爆弾には、「信管（起爆装置）」と呼ばれる部分があります。
　相反する思考法による負の感情への対処法は、スイッチに導火線（矛盾統合して新たに作った解釈）をつなぎ直す作業です。信管を消すわけではないので、同じようなレベルの「入力（出来事）」が起きたときには「（別の）スイッチ（入力）」と「（今回残って浮いた状態になっている）爆弾（負の感情）」が再び一体化して爆発してしまうことがあります。
　例えば、先ほどは「仕事A」に対して矛盾統合することで負の感情に対処しましたが、「新たに任されたBという仕事」に関しては、また「抵抗感でいっぱいになる」という負の感情が湧き上がることがあり得ます。これが、負の感情に対処するための、相反する思考法の限界です。

とはいえ、相反する思考法で負の感情に対処すると「その入力（出来事）」からは負の感情が湧かないようにすることができます。「やったことのない仕事」の例でもそうですが、それだけでも、入力に対して嫌な気持ちで対処しなくてよくなり、むしろ前向きな気持ちで対処することもできるようになります。

「その入力（出来事）」という限定的なものではあるのですが、今回の例のような**対処の仕方を習慣化できると、次第に別の入力にも瞬時に対応できるようになっていきます。**ぜひ、相反する思考法で負の感情に対処することを習慣の１つとして取り入れてみてください。

なお、少々難易度は高くはなりますが、爆弾の信管を消す作業は「内観（19時間目）」で行うことが可能です。

18 時間目 「プルチックの感情の輪」で細かく小さくする

「激怒」「強い嫌悪」「悲嘆」「恐怖」などのように、強い負の感情にのまれているときは、冷静な判断や分析ができず、相反する思考法を使うことも難しくなってしまいます。取り扱いの難しい大きな負の感情には、「プルチックの感情の輪」という理論を活学流に用います。頭で考えるのではなく、機械的に細かく分解して小さくすることで、扱いやすくしていきます。

「プルチックの感情の輪」とは

「プルチックの感情の輪」は、1980年、アメリカの心理学者ロバート・プルチック博士が提唱した、円錐をさかさまにしたような色彩立体の感情モデルです。プルチックは、8つの基本となる感情が、相互に関係し合っていろいろな感情が生まれると考えました。図45は、三次元の色彩立体の感情モデルを展開したものです。実際にはカラーの展開図になりますので、インターネットなどで確認してみてください。

　　それぞれの感情には強さがあり、展開図の円の中心に近く色が濃いほど強く、色が薄くなるほど弱くなります。例えば、「激怒」が弱くなると「怒り」に、「怒り」が弱まると「苛立ち」になります。

　　また、展開図の中央から1つ外側にある感情が、人間の8つの基本的な感情です。これらはプルチックの感情の輪では「一次感情」とも呼ばれます（13時間目の「一次感情」とは違う意味です）。

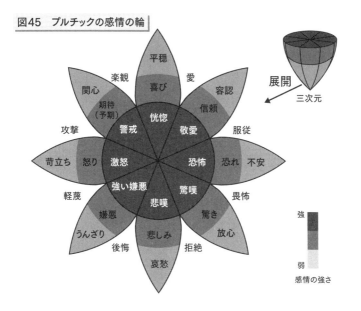

図45 プルチックの感情の輪

■一次感情の分類
・正の感情：喜び・信頼
・負の感情：恐れ・悲しみ・嫌悪・怒り
・中立の感情：驚き・期待

　ここでは基本感情のうち「負の感情」である、「恐れ、悲しみ、嫌悪、怒り」の4つの基本感情について焦点を当てていきます。

「プルチックの感情の輪」では隣り合う感情には移動しやすい、と考えます。例えば、「悲しみ」という感情からは、隣にある「嫌悪」や「驚き」へは簡単に移動できます。
　逆に、「悲しみ」の反対側にある「喜び」への移動は困難です。それぞれの基本感情と反対側にある感情は「相反する」という意味で

対になっています。

　また、隣り合う感情の中でも、**「強い感情」同士より「弱い感情」同士のほうが移動は簡単**です。例えば「激怒」から「警戒」や「強い嫌悪」に移動するより、「苛立ち」から「関心」や「うんざり」に移動するほうが簡単です。先端まで行けば、隣同士の感情だけでなく、どの感情にも移動できます。

①どの感情を感じているかを知る

　強い負の感情を感じているとき、**その負の感情が「プルチックの感情の輪」の中のどれに当てはまるか**、自分の心の内を探ってみましょう。ただし、「プルチックの感情の輪」はすべての感情を網羅しているわけではないので、自分の感じている感情がないときもあります。そのときには「強いて言うならこれかな？」といったように、近い感情で行ってください。

・基本感情の場合
　まず、自分が感じている感情が「プルチックの感情の輪」のどれに当たるかを考えます。基本感情に当てはまる場合は、そのまま②に進みます。

・二次感情の場合
　基本感情に当てはまらない場合、二次感情かもしれません。二次感情とは、基本感情が組み合わさって生まれた、より複雑な感情のことを言います。

■負の感情の二次感情
・嫌悪＋怒り＝軽蔑

- 怒り＋期待＝攻撃
- 悲しみ＋嫌悪＝後悔
- 驚き＋悲しみ＝拒絶

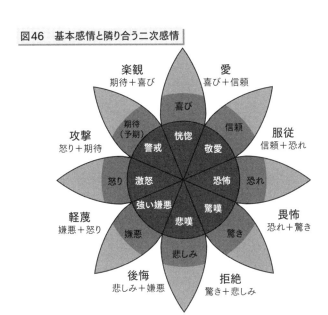

図46　基本感情と隣り合う二次感情

　自分の感じる負の感情が二次感情の場合は、隣にある基本感情（元となる一次感情）を見つけ出し、より強く感じる感情はどちらなのかを見定めます。例えば、「軽蔑」を感じているなら、隣にある基本感情は「怒り」と「嫌悪」になり、より強く感じるほうの感情を選んでおきます。

・強い負の感情の場合
　「激怒」「強い嫌悪」「悲嘆」「恐怖」のようにより強い負の感情を感じている場合、②で因数分解を行い、引き続き③の分析作業を行

おうとしても負の感情にのまれてしまい、分析が難しくなってしまいます。この場合は、**「基本感情」に下げてから分析作業を行います。**

■強い負の感情を基本感情に下げる
・「激怒」なら「怒り」
・「強い嫌悪」なら「嫌悪」
・「悲嘆」なら「悲しみ」
・「恐怖」なら「恐れ」

　自分の感情を弱める、ということではなく、「プルチックの感情の輪」にある「強い感情」から1段下げた「基本感情」を機械的に選ぶ、ということです。

②感情を因数分解する

　中学校で学んだ素因数分解を覚えているでしょうか。例えば、72を素因数分解すると、2×2×2×3×3になります。
　負の感情に対しても同じように因数分解を行います。例えば、「怒り」という負の感情が「72」という数字を持った爆弾だと仮定します。72が、2×2×2×3×3という5つの小さな数に分解されたように、「怒り」という爆弾を5個の小さな爆弾に分解します。
　爆発するときには、その5つの負の感情がかけ合わされ、72の大きさで爆発していると考えます。2や3のような小さな爆弾を1個ずつ扱うのは、72という大きな爆弾を扱うよりずっと楽になるからです。
　負の感情を素因数分解し、**小さくなった感情なら取り扱いやすいので、冷静に分析することができるようになります。**「あ、なんだ、こういう感情を感じていたから、この感情を感じていたのか」と納

得しやすくなることで、負の感情が小さくなる、あるいは消滅することもあります。

・**隣り合う感情に分解する**
「プルチックの感情の輪」を立体図にしたときに、ある感情から距離的に一番近いのは、その感情と接した感情です。立体図を見てもわかる通り、**接している感情は近い色であったり（本来はカラー）、濃淡が違ったりするだけ**です。自分の感じている感情を、隣り合った感情に因数分解していきます。

■負の感情を隣り合う感情に分解
・「怒り」は「期待」と「嫌悪」に分解される
・「嫌悪」は「怒り」と「悲しみ」に分解される
・「哀愁」は「うんざり」と「放心」に分解される
・「不安」は「放心」と「容認」に分解される

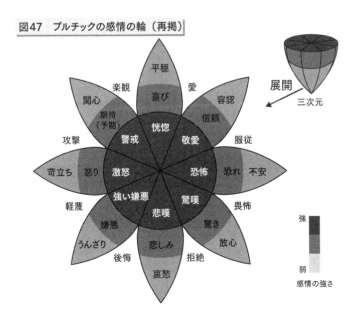

図47　プルチックの感情の輪（再掲）

・反対にある感情に分解する
　次に、隣り合う感情だけではなく、**反対にある感情にも分解します**。反対側にある感情には「移動しづらい」という意味で対になっており、関連性があると考えます。

・悲しみ⇔喜び
「それ」によってもたらされていた、もしくはもたらされるはずだった「喜び」が、手に入らなくなったことによって人は「悲しみ」を感じる。

・嫌悪⇔信頼
「信頼」を裏切られると、人は「嫌悪」感を感じる。

・怒り⇔恐れ
「恐れ」を感じたくない、または見せたくないために「怒り」を出すことがある。また、「恐れ」を感じているとき、人は余裕がなくなり「怒り（苛立ち）」を感じることがある。

　それぞれを因数分解した結果をまとめると下記のようになります。

■負の感情の分解
・怒り：期待・嫌悪・恐れ
・嫌悪：怒り・悲しみ・信頼
・悲しみ：嫌悪・驚き・喜び
・恐れ：信頼・驚き・怒り

　元々持っていた大きな負の感情は、隣り合う2つの感情と反対側の感情の3つに分解したことで、細かく小さくすることができまし

た。ここでは3つの感情に分解しましたが、実際には隣り合った感情と反対側の感情だけではなく、もっと多くの感情がかけ合わさっていることもあります。しかし、このようにプルチックの感情の輪を用いて便宜的に複数の感情に分解することで、1つしか感じていないと思っていた感情を分解し細かくする練習をすることができます。

また、プルチックの感情の輪では「怒り」を一次感情として分類していますが、心理学的には二次感情に分類していますので、もっと多くの種類の感情から怒りが湧いていると考えられます。

ここでは、プルチックの感情の輪を用いて便宜的に分解し小さくした3つの感情について、次の③で質問を作り、分析をし、元々感じていた大きな感情の勢いを削いでいきます。

③細かくなった負の感情を分析してさらに小さくする

次は**分解したそれぞれの感情について質問を作り、質問に対して答えを見つけていきます。**

例えば、「怒り」という感情を「期待」「嫌悪」「恐れ」に分解し、それぞれに対する質問を作ります。

■怒り：「期待」「嫌悪」「恐れ」に分解
・怒り：「注文したものと違うものが届いて怒りを感じている」
・何が「期待」できないのか、またはどのような「期待」を裏切られたのか：「注文通りのものが届く」という期待が裏切られた
・何に「嫌悪」を感じているのか：欲しいものを手に入れることができていないこと。交換には手間と時間がかかること
・何に「恐れ」を感じているのか：きちんと交換してもらえるのか

191

同様に「嫌悪」「恐れ」「悲しみ」についても、分解した結果と質問の例を紹介します。

■嫌悪:「怒り」「悲しみ」「信頼」に分解
・嫌悪:娘から初めて紹介された彼氏に対して嫌悪感を感じる
・何に対して「怒り」を感じているのか:娘が勝手に彼を家に連れてきたことに対して「怒り」を感じる
・どのような「悲しみ」を感じているのか:娘を彼氏に取られたようで、寂しさ、悲しみを感じる
・どのような「信頼」を裏切られたのか:学業に打ち込んでいると信頼していたのに、その「信頼」を裏切られたように感じている

■恐れ:「信頼」「驚き」「怒り」に分解
・恐れ:明日、職場でプレゼンをしないといけないが、失敗したらどうしようという「恐れ」を感じている
・どのような「信頼」を失いたくないのか:失敗して、上司、同僚、部下からの「信頼」を失いたくない
・どのような「驚き」を感じたくないのか:質問にうまく対応できずに慌てる、というような「驚いている」状況になりたくない
・どのような「怒り」を感じているのか:納得のいくようなプレゼン資料が作れていない自分に対して怒りを感じる

■悲しみ:「嫌悪」「驚き」「喜び」に分解
「悲しみ」は、「嫌悪」と「驚き」に分解されますが、悲しんでいる人が「何に嫌悪しているのか?」「何に驚いているのか?」と考えても発想しづらくなります。そこで、**「悲しみ」は例外的に二次感情から質問を作ります。**

「悲しみ」を含む二次感情は、「後悔」と「拒絶」です。「後悔」には「嫌悪」が、「拒絶」には「驚き」が関係しています。また、「悲しみ」の反対は「喜び」なので、「喜び」についても質問を作成します。

・悲しみ：15年飼ってきた愛犬が死んでしまって悲しい
・何に対して「後悔」を感じているのか：元気がないことに早く気づいてあげられればよかった、という「後悔」を感じている
・どのようなことが「受け入れられない（拒絶）」のか：15年も家族同様に暮らしてきた愛犬がいない暮らし、という事実が「受け入れられない」
・そのものは、どのような「喜び」をもたらしてくれていたのか、またはもたらしてくれる予定だったのか：元気と癒しという「喜び」

　1つの負の感情しか感じていないと思っていたときは、その感情だけに捉われてしまい、なぜそのような感情を感じているかについて目が向きません。しかし、感情を複数に分解し、それらに対して質問を投げかけることで脳が分析に入り、解釈にフォーカスすることができます。すると、負の感情にのまれないようになります。

　このように、**分解した複数の感情に対し、理性や知識を用いて分析することで、元々持っていた負の感情の勢いを弱めることができます。**同時に、客観的に自分自身を見ることができるようになります。

④正の感情に移動する

　先ほどの「注文したものと違うものが届いて、『怒り』を感じている」例を引き続き見ていきましょう。

まず、「怒り」の感情を3つの感情に分解しました。その後、分析を行った結果、元々持っていた「怒り」という感情は「苛立ち」という「弱い感情」に移動しています。とはいえ、まだ負の感情を感じているので、これを正の感情に移動できるようにします。

プルチックの感情の輪は、円錐のような形です。先端は感情同士の境があいまいになっており、正の感情に移動することが簡単になります。

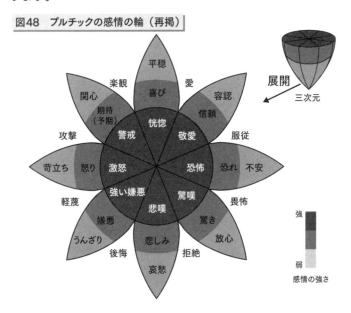

図48　プルチックの感情の輪（再掲）

　分解した感情の中で、最も強く感じる感情に着目します。これを消すことで、分解したほかの感情が消えることがあります。

　例えば分解した感情「期待」「嫌悪」「恐れ」の中で、「期待」通りにいかなかったことに一番強い感情を感じる場合は、自分の「期待」に沿うよう、リアルの世界で行動を起こします。購入先に連絡をして、正しい商品と交換してもらえるよう依頼するのが一番の解

決方法です。

　正しい商品への交換を依頼する際に、「期待」が叶わなかったことに対する感情は出ますが、「怒り」をぶつけずに済むかもしれません。「交換可能」という返答とともに謝罪があれば、「苛立ち」の感情は、「平穏」という感情に移動しやすくなります。交換したものが無事に届けば、「喜び」に移動することも可能になります。

　このように、強い負の感情を因数分解して、弱い感情に移動させた上で正の感情へ移動していきます。

　以上、プルチック感情の輪を使った方法は、大きい負の感情を細かく分解して1つずつ小さくし、質問を作り分析をしていくことで消していく作業です。もし、分析がうまくいかなかった、やり方がよくわからずに負の感情を消すことができなかった、もしくは、負の感情の一部が残ってしまった場合は、次の「内観」へ進んでください。

19時間目 「内観」で根本から消し去る

ここまでに紹介した「相反する思考法」と「プルチックの感情の輪」のどちらの方法でも解決できない「負の感情」がある場合は「内観」を行います。ほかの2つに比べて難易度が高く、集中できる環境も必要です。いきなり解決させようとせず、少しずつ試してみてください。

内観で取り組むべきテーマ

内観しづらい・扱いづらい負の感情や、大きすぎる負の感情も、内観では扱わないようにしましょう。

内観では負の感情に浸る必要があるため、怖さや辛さを感じる場合があります。いきなり大きな負の感情で内観をしてしまうと負の感情にのまれてしまうばかりでなく、次から内観することが怖くなってしまいます。

このような視点から、自分が感じている負の感情が内観のテーマとして相応しければ第1フェーズへ進みます。

まずは大きすぎない負の感情から始めて、「負の感情が消えて気分がスッキリした」などの成功体験を積み重ねていけると、内観をすることへの怖さが取れていきます。慣れてきたら、徐々に大きな負の感情にも取り組んでみてください。強い負の感情の場合には、プルチックの感情の輪で、負の感情を細かく、小さくしてから行うようにしましょう。

内観で負の感情を根本から消し去る仕組み

「内観」とは、自分の意識やその状態を自ら観察することです。こ
こでは、負の感情に浸り、味わい尽くすことで、「負の解釈」や「負
の感情」を解消します。

　普段から、負の感情を分析することはあると思います。「負の感
情を引き起こした出来事を思い出す→負の感情が湧く→因果関係
を考える→負の感情を引き起こした出来事を思い出す（繰り返す）」。
このように延々と因果関係について分析する、といったことです。

　この場合には、自分で認識できる範囲の負の感情しか味わうこと
ができません。感情の地層モデル（14時間目）にあるように、**本来
の感情は表出した感情のもっと奥にあり、それこそが真に浸るべき
感情**となります。

　負の感情に浸ることで「負の解釈」や「負の感情」を解消すると
いうことの原理を理解するためには、正の感情と負の感情の違いを理
解する必要があります。

　不安で眠れない、緊張で胃が痛くなる、悲しくてご飯が喉を通ら
ないなど、ストレスを感じて体調を崩した経験は誰しもあると思い
ます。正の感情を感じて体調を崩すことはほとんどないのに、負の
感情を感じると体調を崩してしまうのは、正の感情と負の感情の
「動き」の違いに原因があります。

　正の感情には動きがあり、思考や体にとどまらずに外に発散して
消えていきますが、負の感情は動きがなく、内（うち）に停滞して
淀み、それが体に悪影響を及ぼします。

　**内観で負の感情を味わい尽くすという作業を行うと、いずれその
負の感情にも飽きて、最終的にはその感情自体がどうでもよくなり
ます。**すると負の感情はそれ以上、内にとどまれなくなり、正の感
情のように発散して消えていきます。これが、負の感情を解消する

ための「内観」の仕組みになります。

「負の感情を味わうことの意味」を活学では次のように考えます。

人はすべての感情を味わうように作られていて、感情の1つひとつが小学校で解く計算ドリルのようになっている。その感情をきちんと味わい尽くせればドリルは終了。きちんと味わい尽くさないから、いつまでも同じドリルを繰り返し行うことになってしまう（現実には同じようなことが繰り返し起こる）。

思考して分析した中で感じている負の感情は、理性的感情にすぎません。思考を使わず、分析せず、原因と結果も考えずに、おのずと湧いてきた感情こそが「本来の感情」です。「本来の感情」に浸って味わい尽くし、「感情」という名のドリルを1つひとつクリアしていきます。

なお、内観は場合によって辛い感情を味わうことがあります。負の感情に浸ることへの抵抗感もあると思いますが、「負の感情」を解消したいのであれば無理のない範囲でトライしてみてください。

活学では「自分の手によって自分の中から表出してきた感情は、今の自分なら耐え切れるから表出してきたのだ」と捉えます。アレルギー症状が起こらない範囲でアレルゲンを体の中に入れることでアレルギーを克服する方法と似ています。

また、内観中、負の感情にのまれ、体が硬直する、震える、発汗するなど、**身体に影響がでてきた場合は、そこまでにとどめるようにしてください。**加えて、**精神障害を抱えている人は、安全のために内観は行わないでください。**

内観を行うに当たって

　内観をする際には、自分の内にある負の感情を感じ取るための想像力が必要です。バラエティに富んだ感情を体験したことがあり、その感情を言葉で言い表すことができる。つまり**感情の分解能（13時間目）が高いと、感情をイメージする力も高くなります。**

　次から、内観の本格的な作業に入ります。内観は第1フェーズ、第2フェーズとあり、慣れるまでは「次は何を行うか」という工程や、きちんとできているかの確認を都度行う必要があるため、どうしても時間がかかってしまうと思います。扱う感情の大きさや、それを感じてきた期間の長さにもよりますが、この作業も相反する思考法と同様、慣れると数分で終わることも可能な作業になります。

内観の第1フェーズ

①負の感情を体の感覚やイメージで捉える

　内観は1人で集中できる場所で行います。イスに座り、目を閉じて、まずは負の感情によって引き起こされた体の感覚を捉えます。「負の感情」は体の中に停滞し淀んでいるので、体のどこかで**「重い感じ」「冷たい感じ」「頭に血が上った（熱い）感じ」**などの感覚があります。まずはその体の感覚を探り、同時に体内や体の周辺から「○○な感じ」を捉えます。**「モヤモヤする感じ」「イライラする感じ」「ウジウジした感じ」「ヒリヒリする感じ」**などです。

　この作業を行う際には、次の3つの点に注意して行うようにしましょう。

・自分の感情を決めつけない

　自分が認識できる感情の多くは、理性的感情（表出した感情）で

す。内観をする際には、「自分は怒りを感じている」「悲しみを感じ
ている」というように、感情を決めつけないようにします。**言葉で
固めるとその感情から動けなくなってしまい、本来の感情を感じる
妨げになります。**感じている負の感情を、あるがままに捉えるよう
にします。

・言葉を使わない

　負の出来事が起きると、自然と「なぜこのようなことが起きてし
まったのだろう」と原因と結果について分析したり、「次はこうしよ
う」と対策を立てたりします。

　しかし、内観をするときは、原因と結果について分析したり、対
策について考えたりしないようにします。**言葉を使うのは最初の負
の感情を捉えるときだけ**で、それができたら、ただその感情に浸る
ようにします。

・価値観・信念に縛られず、素直に負の感情を捉える

「べき」や「ねば」という価値観・信念に縛られていると、「こうい
う自分であらねば」「こういう感情を持つべきではない」という信
念に邪魔され、感じるべき負の感情（本来の感情）を捉えることが
できません。

　例えば、「憎しみ」という感情を感じることに抵抗感を覚える人も
います。特に、家族や恋人、友人など、身近な人が憎しみの対象で
ある場合、抵抗感も大きくなるでしょう。

「親に育ててもらったのに、こんな感情を持つなんて良くない」
「自分で生んだ子どもだから愛さなくてはいけない」といった気持
ちを持っていたとしても、**内観する際にはそれらの「べき」「ねば」
はすべて外すようにします。**「憎しみ」という感情であれば、完全に
憎み切ることで、相手をゆるすことができるようになります。

また、「良い人であるべき」「人を見下すような人間であるべきではない」というような価値観・信念に縛られている人もいます。惨め、孤独、寂しいという感情を感じることを恐れる人もいます。そのように恐れ、拒絶するとそれらの感情がより大きくなってしまいます。きちんと感情に浸れば、その感情は小さくなっていきます。

②負の感情に浸る

①で「体の感覚」「○○な感じ」を捉えましたが、その段階では、捉えた感覚に対し、少し遠くから見ているような状況です。次に、**徐々にその感覚と1つになるような感覚まで、負の感情に浸っていきます**。その際には下記の点に注意しましょう。

・思考の力を使って感情を強めたり弱めたりしない

負の感情に浸っている最中に、感情が自然と強くなったり、弱くなるのは構いませんが、思考の力を使って、感情を強めたり弱めたりしないようにします。

負の感情に浸り切り、怒りを感じた結果、頭に血が上るような感覚を味わうかもしれません。あるいは不安を感じた結果、血の気が引く感覚がするかもしれません。これらは問題ありませんが、**思考の力を使って意図的に体の感覚を深めていかない**ようにします。同様に、感情に浸り切ったことで泣くのは構いませんが、無理やり泣こうとしないようにします。

・負の感情にはしっかり浸るが、のまれないようにする

「負の感情にのまれる」というのは、例えば次のようなことを指します。

・「不安」にのまれてしまい、頭が働かなくなる。動悸がしたり、

体が硬直したりする
・「怒り」にのまれてしまい、頭に血が上ってうまく思考が働かなくなる

　のまれるのではなく「浸る」のがポイントです。**負の感情に浸っているけれど、同時にどこか少し離れた視点から自分を見つめる感覚**を同時に持つイメージです（専門用語ではメタ認知と言います）。
　とはいえ、この方法に慣れていない場合、負の感情にのまれるより、中途半端にしか浸れないことのほうが圧倒的に多いので、基本的には負の感情に浸ることに注力するようにします。
　もし負の感情にのまれて動悸や震え、体の硬直などが起きたら、負の感情を真正面から受け止めるのではなく、リラックスし、自分の状態を客観視するようにします。**意識は集中しながらも体の感覚を少し逃がすような感覚**です。それでも収まらず、**体の症状が強く出るときは内観を中止してください。**

③負の感情を飽きるまで味わい尽くす
　②で捉えた感情に浸り続けると、その感覚がどんどん強まっていきます。浸り切れる強さまで浸り続け、感情が頂点に達すると、いずれはその感情に飽きて、少し感情が弱まる瞬間があります。**浸っていた負の感情から心がスッとそれるような、ズレるような感覚**です。
「集中力が切れた」「雑念が湧いた」というように感じるかもしれません。しかし、それが負の感情を味わい尽くした瞬間です。そして、「あれ？　なんでこの負の感情を感じていたんだっけ？　なんかバカバカしい、感じるのに疲れた」という考えが浮かんでくれば、停滞していた「負の感情」に動きが生じ、その感情を手放せるチャンスが来た、ということです。

202

テニスでサーブをする際は、テニスボールを真上に放り投げて、ある高さまで上がってから落ちてくるところを打ちます。ラケットで打ったら、ボールは手元には戻ってきません。感情も同じで、上に放り投げるとまた手元に戻ってきますが、どこかへ飛ばしてしまえればもうその感情は戻ってこなくなります。

ボールが上がっているときは、上がろうという勢いがあり、落下していくときも、落下のスピードがあるので打つのは難しいでしょう。最も打ちやすいのは、最高点から少し落ちてスピードが弱まったところです。

感情も同じで、感情に浸り切り味わい尽くした瞬間、少し感情が弱まる瞬間が「飽きた」状態になります。そこに気づくことができれば、負の感情を手放すことができ、もう手元に戻ってこなくなります。

内観の第2フェーズ

①自分をゆるす（自己容認）

負の感情を味わい尽くして、その感情に飽きた瞬間に「この負の感情を感じるのはもういいや」と思えると、自分を縛りつけていた縄がほどけるように、自分の心も体もゆるむのを感じることができます。

その瞬間に、**「この負の感情にずいぶん苦しんでしまったな」と思いながら、愛情を込めて自分自身をねぎらいます**。合わせて、そんな自分に愛しさを込めて心の中で笑いましょう。今まで負の感情を感じて苦しんでいた自分ではない、フラットな自分を認識することであるがままの自分を受け入れることができます。

②自分の味方になる（自己肯定）

　負の感情を感じているときは、負のビジョンを描いています。誰かに苛立ったり、怒ったりしているときは、頭の中で相手を責めたり、批判したり、自分の正当性を思い描いたりしています。

　活学では、周りにいる他者を作り出したのは自分だと考えます（21時間目）。自分で作った他者に対して怒っているということは、創造主である自分に対して怒っていることと同じで、自分の味方にはなれていません。

　嘆き悲しみ、絶望している。あるいは無力感、無能感から自分に失望しているビジョンのときも、自分の味方になることはできません。**負の感情に引きずられて描いていた負のビジョンから、元々持っていた真のビジョンを思い出しましょう**。すると、「自分はこう進んでいいんだ」と思えるようになり、普段の生活を取り戻し、自分の人生を生きることができるようになります。

③負の感情を思い出せるかどうか確認する

　内観は思考も分析も行わないため、「何かをした」という実感が湧きづらい作業です。最終確認では、本当に「負の感情」を消すことができたのかどうかを確認します。

　出来事を思い出そうとすると、内観をする前と変わらない大きさで負の感情が湧いてくる場合はうまくいっていません。**内観がうまくいった場合、出来事を思い出そうとすると、「あれ？　出来事があったことは覚えているけれど、どうしてあんなに怒っていたんだっけ」というように、鮮明には思い出せなくなり、「負の感情」も実感を伴って湧いてこなくなります**。このような状態になれば内観はひとまず成功です。

　以上のように、内観は想像力を使う作業であり、感覚をつかみ

にくい人もいます。そういったときは「内観」の感覚をつかめるまで繰り返すか、それでも難しいときは「相反する思考法（17時間目）」または「プルチックの感情の輪（18時間目）」で対処してください。

　また、「内観」が終わった直後はうまくいったと思えても、時間が経ってから、また同じ「負の感情」が湧いてくることがあります。「充分に負の感情を味わい尽くせていなかった」場合と、「一度目とは違う負の感情が湧いてきた」場合にそのようなことが起こります。どちらの場合も再度「内観」を行います。回数を重ねるごとに一歩ずつ「本来の感情」へ近づき、最終的には「負の感情」を解消できるようにします。

　内観をすることに慣れれば、わざわざ「内観をしよう」と思わなくても自然と負の感情を解消できるようになります。負の感情に浸り味わい尽くすというのは、実はそれほど大げさなことではありません。一連の流れを日常生活の中でさりげなく行うことで、負の感情を解消できるようになります。

第 **7** 部

自分だけは自分
のファンになる

20時間目 顕在意識と潜在意識

　これまで、執着や心の電池、価値観・信念、真のビジョンといった話をしてきましたが、これらは意識と関係があります。人の意識は「顕在意識」と「潜在意識」に分かれます。この2つの意識の間には価値観・信念のフィルターがあり、ここに穴がたくさん開いている人ほど、真のビジョンを鮮明に描くことができます。また、「意識」については、後述する「共同体感覚」「愛」を考えるための前提となる理論なので押さえておきましょう。

フロイトの「心の三層構造」

　オーストリアの心理学者であるフロイトは、人の心の構造は、意識、前意識、無意識の3層から成り立っていると考えました（図49）。

・意識

　意識は**論理的思考を行う場所**で、自分の行動、思考を自分自身で認識することができます。「顕在意識」とも言われる領域で、願望・悩み・社会性・倫理観などが含まれます。心の中では最も小さく、表層的です。

・前意識

　前意識は、**普段意識されてはいないものの、注意を向ければ思い出せるもの**で、意識に浮かび上がらせることができる領域のことを言います。昨日あった出来事や、過去に出会った人の名前を思い起こす際に、しばらく考えたり、集中したりすると思い出すことがで

きる意識のことです。

・**無意識**

　無意識は、**意識の奥底にある深い層**で、癖・習慣・慣れ・生命維持などもここに含まれます。忘れてしまいたい記憶や感情などが抑圧されている場所で、意識しにくい心の領域です。

　人間の意識は、よく氷山に例えられます。普段、私たちが感じている意識は、海の上に顔を出しているほんの一部分にしかすぎません。私たちは普段、意識的に動作や発言を行っていると思っていますが、実はそのほとんどが「潜在意識」という海のように広大な領域の影響を受けています。

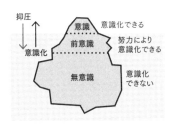

図49　意識と前意識と無意識

ユングの「個人的無意識」「集合的無意識」

　フロイトの無意識の捉え方は個人レベルにとどまっており、それを発展させたのがユングです。ユングは、フロイトが提唱した無意識を「個人的無意識」と呼びました。さらに「個人的無意識」の下に、「集合的無意識」という層があると提唱しました（図50）。

図50　集合的無意識

・個人的無意識

　個人的な記憶や経験にもとづいている**「自分の心の中だけの無意識」**のことです。

・集合的無意識

　個人の経験を越えた先天的な無意識領域のことで、民族や国家、人種を超えた**全人類に共通して存在する無意識**を指します。いわば、先祖から受け継いだ無意識であり、人間の精神は、深いところでつながっているということです。

　集合的無意識は、「普遍的無意識」あるいは「ワンネス」と呼ばれることもあります。また、集合的無意識を「無我領域」と呼び、個人の領域である「自我領域」と分けています。

・活学でのイメージ

　フロイトとユングの「意識・無意識」の考え方を土台として、活学では図51のように解釈します。

　Aさん、Bさん、Cさん……のように、1つひとつの山が個人を表しています。**意識から個人的無意識までを自我領域とし、これにより個性と人格が生み出される**と考えます。また、**意識と前意識の間に価値観・信念のフィルターがある**と考えます。

210

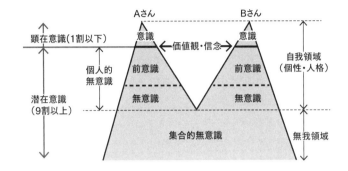

図51　活学での顕在意識と潜在意識のイメージ

潜在意識のパワー

　人間は、生まれながらの本能や衝動、欲求などを持っています。しかしこれまでの経験、価値観・信念により、それらを潜在意識の領域にしまい込み、普段は認識できなくなっています。

　記憶は感情と結びつくと、まず前意識に沈みます。しかし同じような経験が何度も重なったり、その記憶と感情が当たり前になるくらい反復すると、それらを無意識の領域にしまい込みます。最終的には顕在意識からアクセスせずとも、意識することなく自発的に出てくるようになります。

　潜在意識にしまい込んだ本能、衝動、感情、欲求は、絶えず顕在意識に進出しようという強い力を持っているので、自分の理性ではコントロールのできない思考や行動として現れてきます。認識したくないものは心の電池（12時間目）で封じ込めます。理性的に振る舞いたいのにそうできないときは、潜在意識に閉じ込めた本能、衝動、感情、欲求に心が動かされているからです。

顕在意識と潜在意識のリンクを強くする

　活学では、「**価値観・信念のフィルター」には穴が開いていて、その穴を通して顕在意識と潜在意識が双方向に行き来することが可能**だと考えます。顕在意識が潜在意識にアクセスすることで、潜在意識から、ひらめきや知恵を顕在意識に湧き上がらせることができます。

　顕在意識が潜在意識にアクセスするためには、価値観・信念のフィルターを通り抜ける必要があります。

「Aという方法しかない」という信念を持っている人は、A以外の方法がすべてフィルターとなり、顕在意識と潜在意識がアクセスできる穴が少なくなってしまいます。**「本当にAしかないのだろうか。ほかの方法もあるはずだ」と価値観・信念を緩めることができれば、フィルターにいくつもの穴が開きます。** すぐには「ほかの方法」を顕在意識側から潜在意識側に拾いに行くことができなかったとしても、ふとした瞬間に潜在意識側から「ひらめき」として上がってくることがあります。

「これもOKだし、それもOK」というように多様な考え方ができるようになると、価値観・信念のフィルターに多くの穴を開けることができます。顕在意識で得た新たな情報や良いイメージを潜在意識に落とし込むことができますし、潜在意識にある「答え」が顕在意識に上がってきやすくなります。

　これが、「顕在意識と潜在意識のリンクが強い」状態です。**リンクが強くなると、良い答えや解釈、深い洞察力、インスピレーションを得られやすくなり、物事に対して柔軟に考えることもできるようになります。** このような状態であれば、潜在意識にある感情や欲求をスムーズに知覚することができ、ビジョンもイメージしやすくなります。

潜在意識と顕在意識のリンクの強さは肉体と精神の状態に左右されます。これらの状態を整えることで、潜在意識を感じやすくします。

「潜在意識で車の運転をしながら、顕在意識で仕事のことを考える」というように、人は普段、潜在意識と顕在意識で別のことをしています。これがいわゆる「ながら作業」です。

肉体と精神の状態を整えるためには、「ながら作業」ではなく「何かに集中する」ことが非常に効果的です。顕在意識と潜在意識に協調作業をさせることにより、顕在意識と潜在意識のリンクが強まります。スポーツ、芸術、音楽、勉強、趣味など、自分が興味を持てることが効果的です。

ただし、ガチガチに集中するのも良くありません。リラックスしているようだけれど、集中はしている。リラックスと集中を同時に抱える、という矛盾したような状態（変性意識状態）がベストだと言えます。

価値観・信念のフィルターに穴を開けるには

価値観・信念のフィルターに穴を開けることで顕在意識と潜在意識のリンクを強めることができます。これはつまり「執着を外す」ということでもあります。

穴を開ける方法は主に次の3つです。

①相反する思考法で「気づき」を得る

顕在意識で相反する思考法（3・17時間目）を使い、価値観・信念から「ねばならない」「こうすべき」といった思考をなくすことで、価値観・信念のフィルターに穴を開けることができます。

そのためには、**「考える」ということと「気づき」が必要**になりま

第7部　自分だけは自分のファンになる

す。相反する思考法を使い、自己矛盾に陥るときがチャンスです。理論的に矛盾を否定できるかを考え、論理矛盾に飽きたり、矛盾統合できることに気づいたりすることで穴が開きます。

②内観して本来の自分の感情に「気づく」

内観（19時間目）を行うと、自分の本来の感情に気づくことができます。「怒り」を感じていると思っていたのに、内観したら別の感情（惨めさ、寂しさ、孤独感等）だったと気づくことがあります。**解釈が変わることで、価値観・信念に穴を開けることができます。**

③すでに開いている穴の隣に穴を開ける

図52のA〜Fについて、位置が近いほうが似たような意識だと考えてください。

図52　価値観・信念のフィルターに穴を開ける

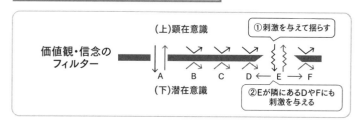

Aの真上のフィルターには穴が開いているので、顕在意識にAを湧き上がらせることができます。一方で、B、C、D、Fの真上のフィルターは穴が開いておらず、顕在意識からアクセスすることはできません。

Eの真上は穴が開いているのでアクセス可能で、このとき「刺激」を与えながらアクセスすると、刺激を受けたEが隣にあるDやFにも刺激を与えるようになります。

刺激とは、「気づき」などこれまで味わったことのなかった認識です。刺激を受けたDとFがそれぞれの真上にある価値観・信念のフィルターを刺激するようになれば、やがてDとFの真上のフィルターも少しずつ薄くなっていきます。DとFの真上のフィルターに穴が開けば、潜在意識から顕在意識にDとFを湧き上がらせることができるようになります。

　例えば、「人前で涙を見せるべきではない」という信念と、「泣くことは恥である」という信念が隣にあるとします。「人前で涙を見せるべきではない」という信念に穴が開くと、人前で涙を流したりすることができるようになりますが、恥だとは感じています。何度も泣いて顕在意識と潜在意識のリンクが強まり、スムーズに泣けるようになると、隣の信念にも刺激が生じます。「本当に泣くことは恥なのだろうか？」と疑問に感じ、恥ではないことを認識すると、この信念にも穴が開くことになります。

　このとき、**潜在意識からも刺激があることが大切**です。前述したように、潜在意識に閉じ込められた本能、衝動、感情、欲求は絶えず顕在意識に進出しようという強い力を持っています。「本当は心から泣きたいんだ」と気づくことで、潜在意識側からも穴が開きます。**潜在意識で腹落ちし、「気づき」が得られることで価値観・信念のフィルターに穴が開いていきます。**

　このように、1つの考え方に固執せず、多様な考え方ができる「顕在意識と潜在意識のリンクが強い人」ほど、ビジョンを自由に鮮明に描くことができます。また、価値観・信念のフィルターにたくさん穴が開いているということは「執着」が少ないということです。「執着」は「負の感情」とも深い関わりがあります。「執着」を減らせれば、「負の感情」も解消することができ、リアルの世界とマインドの世界の感情を一致させやすくすることができます。2つの世界の感情が一致すれば、ビジョンも実現しやすくなります。

215

21 時間目 活学の「共同体感覚」

　自分のファンになる、また人との関わりの中で幸せになるためには「愛」についての理解が欠かせません。ただし、愛についての誤解が多いのも事実です。詳しくは次の時間からお話ししますが、まずは人と人とが関わる場である「共同体」について学んでいきましょう。

アドラーの「共同体感覚」

　共同体とは、国家、人類、家族、地域、学校、職場、宗教、オンラインコミュニティなど、人と人が関わり合う場所全般を指します。人間は弱く、1人では生きていくことができないため共同体を形成します。お互い助け合いながら、社会的に生きることが人間の生存戦略であり、その中で「愛」や「信頼」を育むことで幸せを感じることができます。

　オーストリア出身の心理学者アルフレッド・アドラーは、フロイト、ユングと並び心理学の三大巨頭と言われ、現代のパーソナリティ理論や心理療法を確立した1人です。

　アドラー心理学の重要な価値観として、「共同体感覚」があります。仲間とのつながりや絆の感覚のことで、人が全体とともに生きていることを実感する、というものです。**共同体感覚は「自己受容」「他者信頼」「他者貢献」の3つで構成**されます。

　アドラー心理学の研究をしている岸見一郎氏は著書『アドラー心理学入門』（ベスト新書）の中で、「共同体感覚」を次のように解釈しています。

"自己受容、他者信頼、他者貢献はどれ一つ欠くことができません。他の人に貢献できる自分が受け入れられるのであり、貢献するためには他の人を信頼できていなければならないからです。（中略）

さらに信頼できない他者のために役に立とうとか貢献しようとは思いません。かくて、三つの条件は、どれ一つを欠いても人は幸福にはなれないのです。（中略）

ある状況が自分にとってどういうことかをまず考えるのではなく、皆にとってどういうことなのか、いいことなのか、悪いことなのかを考えられるということ、その中で自分がどう貢献できるかを考えていくことは、健康なパーソナリティ、幸福であることの大きな条件です。

このように常に自分のことだけではなく、他者のことも考えられる、他者は私を支え、私も他者とのつながりの中で他者に貢献できていると感じられること、私と他者とは相互依存的であるということ、しかし、同時にそのことは決して自己犠牲的な生き方を善しとする考えでもなく、自分も他者に貢献ができていると思えること……このような意味のことをアドラーは、アドラー派の中でも議論の多い「共同体感覚」という言葉で表そうとしているのだ、と私は考えています。"

共同体感覚とは、「共同体の中で仲間とのつながりや絆を大事にし、人が全体の一部として他者に貢献し、逆に支えられながら全体の中で生きていく感覚のこと」。共同体感覚をこのように解釈するのであれば、アドラーの共同体感覚は、**自分と他者がメッシュネットワークのようにつながりながら生きるイメージ**を想像できます（図53）。他者との関係性で自分が規定され、私的論理が共同体感覚の外側に位置します。

図53 アドラーの共同体感覚

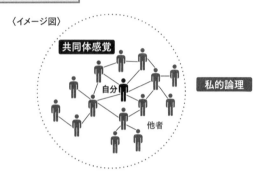

私的論理とは、おおげさに言えば自分や自分の家族だけが幸せならほかのすべての人が不幸でもいいという利己的な考え方です。

　成熟社会は、この私的論理で生きる人たちが増えています。その理由は、地域コミュニティの崩壊、デジタル化やSNSの普及による直接的な対面の減少、プライバシー重視による個人主義など、他者とのつながりが弱くなっていることにより、「自分や自分の家族さえ良ければそれでいい」という考え方をする人が増えているからです。

　そのため、成熟社会では他者と絆を感じることでの信頼感、愛情、幸福感を感じることが難しくなり、社会的に孤立したり、実存的虚無感を感じたりする傾向が強くなっています。

活学の「共同体感覚」

　アドラーの共同体感覚を「人は全体の中の一部で、他者との関係性で自分が規定されている」と解釈するならば、**活学の「共同体感覚」は、自己を中心とした他者理解の感覚**が特徴です。

自分を中心として他者との関わりがあり、自分の引力で世界が動いていると捉えます。私的論理は外側に位置しています。自分が作っている世界なので、他者を作り出したのも自分だと考えます。図54では、自分と他者はつながっていないように見えますが、根底の集合無意識（ワンネス）でつながっています。

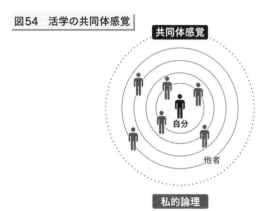

図54　活学の共同体感覚

　自分が全体の中心ではありますが、私的論理や自己中心といったことではなく、**「自分を中心に世界は回っているが、自分の都合で全体は動かない」**という考え方になります。

　これは、「太陽を中心に惑星が回っている」のと同じ考え方です。太陽系の惑星は太陽を中心に回っていますが、太陽の都合で惑星が自転・公転しているわけではありません。太陽の引力に引っ張られて惑星は太陽系に存在することができています。太陽の引力がなくなれば、太陽の周りを回る惑星も、太陽系もなくなります。

　これを、太陽＝自分、惑星＝他者、太陽系＝世界と言い換えれば、**「自分を中心に他者が回っているが、他者は自分の都合で動いているわけではない。世界は自分の引力で作られている」**という考え方になります。

ミクロの世界でも、原子は陽子・中性子の周りを電子が回る相似形の形をしています。乱暴ですがマクロな宇宙とミクロの原子の間に私たちがいるのであれば、私たちの人間関係もそう捉えてもいいと活学では考えます。

　「毒親」や「上司ガチャ」に苦しむ人、自分で望んでいないことが起きて苦労している人、戦争や飢餓などで生きるか死ぬかの生活を強いられている人もいると思います。それでも活力を持つためには、活学の共同体感覚を自分の中に持つことが大事になります。

　多くの人は自分を規定するのに、「〇〇さんがいるから自分の生きる意味がある」「〇〇さんが求めてくれるから自分の存在価値がある」と考えてしまいがちです。他者との関係性で自らを規定するということは、その人がいなくなったら、自分自身の存在意義がなくなる、ということです。

　活学では「自分のために他者がいる」という考え方を前提条件としています。生物学的には「この親がいるから自分がいる」と考えますが、活学では「自分がこういう自分であるから、こういう親がいる」というように解釈します。

　第一に自分ありきで、他者はあくまで自分の内面を見つめるためにいる、と考えます。他者に苦しめられたとしても、それがなぜなのかということを自分に問わないといけません。ただし、この考え方で世の中の理不尽全てに説明がつくわけではありません。リアルの世界には制限があるからです。この部分は学問として追求していく部分だと思っています。

活学の共同体感覚に必要な4要素

　アドラーの共同体感覚には、「自己受容」「他者信頼」「他者貢献」という3つの要素がありました。活学では**これらに加えてもう1つ、**

「**自己発信」という要素が必要**だと考えます。その理由は、成熟社会では価値観・信念が多様化し、夢やビジョンが個別化しているため、「言わなくても伝わる」ということが成り立ちづらくなっているからです。共同体を構築するには、お互いに自己発信することが必要になります。

また、「他者信頼」「他者貢献」「自己受容」も、成熟社会に合った解釈が必要だと考えます。

活学の共同体感覚に必要な4要素をまとめたものが「活学の共同体感覚マトリックス」です（図55）。「自己」と「他者」、「内面」と「外発行動」というそれぞれ相反する軸から考えます。

図55　活学の共同体感覚マトリックス

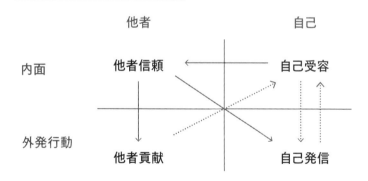

基本的には、**「自己受容」から始まって「他者信頼」へ進み、「他者信頼」から「他者貢献」もしくは「自己発信」へ進みます。**一連の流れができるようになると、「こういう自分でいいんだ」と、「自己受容」がさらに高まっていくことが理想です。また、「他者は関係ない」という考え方で、「自己受容」から直接「自己発信」に行くこと

もあります。

一方で、「他者貢献」「自己発信」ができて「こういう自分でいい
のだ」という自己肯定感を高めることによって自己受容が高まるこ
ともあります。

活学的解釈からそれぞれの要素について、見ていきましょう。

①自己受容

活学の共同体感覚で、最初に必要なのが「自己受容」です。**自分
の良いところも悪いところも含め、ありのままの自分を受け入れ、
自分が自分の最大のファンでいられる状態**のことを言います。自己
受容ができている人は、臆することなく、ポジティブな感情で共同
体に入っていくことができます。

②他者信頼

「他者信頼」の条件は、自己受容ができていることです。自分を信
頼できない人に他者を信頼することはできません。

活学の共同体感覚では、世界を作り出したのも、他者を作り出し
たのも自分であり、他者とは集合的無意識でつながっていると考え
ます。すると、**自分の目の前に来ている相手は切り捨てるものでは
なく、意味があって現れている**と考え、その存在を受け入れやすく
なります。

他者に期待感を持つのは自然なことですが、お金や権力などのメ
リットが絡んでいる、というような条件付きの関係でないと人を信
頼することができないというのは「他者信頼」できていることになり
ません。

また、本心では信頼できていないけれど、人間関係を円滑にする
ために信頼しているように見せる、信頼しているふりをする、とい

うのも本当の意味での「他者信頼」にはなりません。

　他者信頼できているということは定義によりますが、**「仲間に
なっている」に近い感覚**です。

③他者貢献

「他者貢献」の前提は、「自己受容」と「他者信頼」ができているこ
とです。

「自己受容」と「他者信頼」ができれば、活力がみなぎり、そのパ
ワーを他者に与える余力が生まれます。**他者に喜びを与えることで、
巡り巡って自分自身もさらに活力を得ることができます。**

　一方で、活学では次のような欲求から他者貢献することは、自己
受容ができていない状態だと考えます。

・「人から求められているから貢献したい」
・「人の役に立って、褒められたり感謝されたりしたい」
・「人の役に立ち、人から必要とされることで自分の実存的虚無感
　を埋めたい」
・「人の目を気にして、良い人と思われるために貢献する」

　自分のメリットのために貢献する行為は、人を通して行う私的論
理です。また、「人の目を気にして、良い人と思われたいから貢献
する」というのは、人間関係を円滑にするために、多くの人が打算
的に行っていることでもあります。

　**相手からの見返りを意識せず、他者のためになると考え、してあ
げたいから行う**のが他者貢献の真の姿だと言えます。

④自己発信

　自己発信とは、**他者の意見も受け入れながら、自信を持って自分**

のアイデア、情報、考えを積極的に発信することです。端的に言うと、「己を発する自信がある状態」です。

「自己発信」の前提は、「自己受容」と「他者信頼」ができていることです。「自己受容」をしていないと「自己発信」ができない理由は、アイデンティティのない人に「自己発信」はできないからです。また、信頼できない他者に自分のアイデア、情報、考えを発信しようという気にはならないはずです。

ただし、前述したように「他者は関係ない」という考えの人もいるので、「自己受容」から直接「自己発信」に進むこともあります。

共同体の中で支えられ、連帯感を感じることは、孤立感を軽減し、個人の幸福感や生活満足度を高めます。**共同体感覚を高めることができれば、良い人間関係をより築きやすくなり、愛や信頼感も得やすくなります。**

逆に、共同体感覚が身についていないと、共同体からの疎外感や、孤独を感じやすくなります。共同体に入っていくことに躊躇する、あるいは共同体に入れたとしてもうまくなじめません。

活学の共同体感覚を身につけることができれば、共同体の中で良好な人間関係を築きやすくなり、愛や信頼を深めることができます。その上自己発信ができれば、自分の人生を自分の引力で回し、活力のある生き方もできるようになります。

共同体感覚を高めるために重要なのが、「愛」について理解することです。次の時間から詳しく学んでいきましょう。

22時間目 「愛」を定義する

愛は、人間の生活において幸福感や生きがいをもたらす重要な要素であるにもかかわらず、非常に広い意味を持つがゆえに、その意味を「なんとなく」理解している人が多く、愛に対する誤解が多いのが現状です。活学では、愛への誤解が入り込む隙がないように、愛への定義をあえて狭く定義します。

愛とは何か

活学では「愛する」ということを**「何の保証もないのに行動を起こすことで、こちらが愛せば相手の心にも愛が生まれるだろうという希望のもとに、全面的に自分を委ね、無償で相手を思い慈しむこと」**と定義します。

ただし、**愛するにはその状態を保つだけの条件があります**。人間には**「無償の愛」はあるけれど「無条件の愛」はありません**。その両方を持ち得るのは神様で、人間にはよほどのことがない限り実現不可能だと考えます。

例えば「親が自分の命を投げうって我が子の命を救う」という行動を、活学では助ける条件が整った上での無償の愛と捉えます。無償の愛から行動を起こす人がいるのも事実ですが、そのような例を見聞きすることで、「親なら当然」＝「人には無条件の愛がある」と多くの人が思っています。基本的には、「無条件の愛はない」という前提のもと生きていくと、相手に期待しすぎることもなくなり、自分自身も苦しまなくて済みます。この点については後ほど詳しく説明します。

・愛とは融合であり、愛の反対は分離

　活学において愛かどうかを判断する方法はシンプルです。基準は「融合」か「分離」か、という2つの要素です。**融合に向かうものを「愛」とし、分離に向かうものを「自我（エゴ）」とします。**

　自分の潜在意識と自分の全体が融合しているイメージが「自分との融合」です。自分と他者の心が開いていて、自我を失って無我領域で融合しているイメージが「他者との融合」になります。

　図56では、点線より上では「Aさん」と「Bさん」は分離していて、「自我」を保っています。一方、点線より下は「Aさん」「Bさん」というように区別ができずに融合しています。

図56　自我と愛

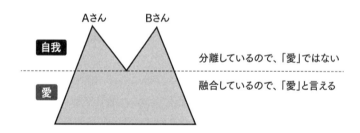

「あなたも私も同じ存在」というように捉えれば、融合なので「愛」となり、「あなたと私は違う存在」というように捉えれば分離なので「愛」とは呼びません。

・活学で考える「愛情」の湧き方

　「愛情」は、その言葉の通り、「愛」と「情」が合わさったものです（図57）。愛は集合的無意識の最も深い場所に存在します。顕在意識を中心に自我領域で通う情は「浅い情」で、潜在意識の中でも無

我領域で通う情は「深い情」です。

個人の顕在意識で湧いた「浅い情」が潜在意識に下り、さらに集合的無意識まで下りて愛に触れ「深い情」となって顕在意識に戻ります。**情が円となり、つながると「愛情が湧く」状態**となります。活学では、言わば、情は個人と個人をつなげる役目を果たすと考えます。

図57 愛情の湧き方

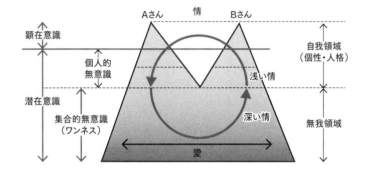

情は自我から始まり、愛は無我にあります。この世に自我という他者との分離状態で生まれている以上、他者への愛が100％の状態になることはできませんが、100％に近い状態になることはあります。**無償で自分を相手に委ね、相手を自分と同じように想い慈しみ、究極には他者と融合した感覚のような状態になると、自我を喪失**します。

映画やドラマの主人公に感情移入をして没入すると、主人公と一緒に苦しい気持ちを味わったり、泣いたりすることがあると思います。これも、ある種の自我の喪失です。程度の差はあれ、多くの人は自我の喪失を経験しています。

しかし、自我が存在する以上、自我は「恐れ」という感情を通して融合した他者を自分から切り離そうとします。人は、顕在意識では愛されないことを恐れますが、潜在意識の自我領域では他者を愛して融合し、自我を消失することを恐れています。こう考えると、相反する矛盾を統合するように作られているのが私たち人間だと言えます。

「愛」そのものではない心の動き

　融合と分離の観点から、愛に似ているけれど、愛ではないものについて説明します。

・同情する
　同情とは、他者の苦しみや困難に対しての共感や理解の感情です。他者の状況や感情に対して、心から共感し、思いやりを持ち、共有することで相互の感情的なつながりを強めます。そして、「こういう痛みや辛さを感じているんだね」というように、相手が見ている世界を、自分も同じように眺めます。心理的に相手の隣に立っている状態なので、相手とは分離した状態です。そのため、同情は「愛」ではありません。

・感謝する
「感謝」とは、他者へのありがたさを表す感情や態度であり、他者が行った親切や援助、贈り物、サポート、助言などに対して感じる感情です。感謝する側とされる側という2つの役割（分離）が必要であり、愛そのものではないと定義します。
　ただし、潜在意識で「愛」を持っているから、「感謝する」という感情や態度を表すことは大いにあります。

・信じる

「信じる」は、「愛する」と同義に扱われることが特に多い言葉です。愛する人に自分の信頼を裏切られ、「信じていたのに」という言葉を使うとき、「愛しているから信じていたのに」という意味を込めて使いがちです。そして、「自分は愛されていない」と思い込んで苦しんだり、「愛してくれていたんじゃないの？　信じていたのに」と相手を責めたりします。このように「信じる」という言葉の定義を誤ると、自分が苦しむだけでなく相手も苦しめてしまいます。

「信じる」とは、他者を信用し、その人の言葉や行動を疑わずに受け入れることで、信じる側と、信じられる側、という2つの役割（分離）が必要です。分離しているため、「信じる」は愛そのものではありません。

　また、前述したように、**愛するとは「何の保証もないのに行動を起こすこと」**で、こちらが愛せば相手の心にも愛が生まれるだろうという希望のもとに、全面的に自分を委ね、無償で相手を思い慈しむこと」です。

　一方で、**信じるとは、わずかな保証で行動を起こすこと**です。「こちらが信じれば相手も信じてくれるという見返りがあるという希望のもとに、自分がゆるせる範囲で相手に自分を委ねること」です。自分の価値観にある「信じる」の定義の中に、他者を入れ込むことで、自分の価値観で相手に「裏切らない」という見返りを求めます。「価値観」とは、社会から得てきた「道徳心」「倫理観」「常識」の刷り込みです。価値観のもとで信じるということは、当然愛することとは違います。

・思いやる

「思いやる」とは、自分の立場だけでなく、相手の立場に立って物事を考え、感じ取り、理解、共感、配慮することを指します。**思い**

やりは、愛である要素と自我を満足させる要素があり、両方が混在します。

　他者を自分のことのように想い慈しめている部分は、他者と融合しているので「愛」であると言えます。一方で、優越感やセーフティーを味わうための要素は、他者と分離しているので愛とは言えず、自我を満足させる要素が必ず入ります。また、「相手が喜ぶと自分もうれしいから」ということも自我の満足であり、愛そのものではないと考えます。

「愛」によるものだと勘違いしやすい行動

・甘やかしにつながる行動

　甘やかすということは、甘やかす者と甘やかされる者に分かれる（分離）ため、愛ではありません。

　甘やかしの原因には、罪悪感や面倒ごとの回避などがあります。罪悪感からの回避の例は、「自分が親としての責任を果たせていない、親として子どもを愛せていないから、子どもに〇〇してあげよう」というようなものです。面倒ごとの回避の例は、親が忙しく、子どもの要望に対して柔軟に対応することで、家庭内のストレスを軽減しようとする場合です。いずれの場合も「愛」とは言えません。

・役割意識から起こす行動や発言

　役割意識は、親と子、妻と夫、先生と生徒、というように「私という役割」と「あなたという役割」に分かれる（分離）ため、愛ではありません。

　役割をこなしていれば、人としての務めを果たせているという安心感を得ることができます。またその役割を行う源泉は愛であると誤解して、きちんと愛を実践しているという錯覚を得ることもでき

ます。しかしこれらは相手のためではなく自分のためであり、愛に
よる行動とは言えません。

■愛に飢えた自分の心を満たすための行動
・相手に依存したり、尽くしすぎたりして、自分を犠牲にする
・相手を束縛する
・自分に関心を向けようとする
・相手に見返りを求める

　これらは、依存する相手、束縛する相手、関心を自分に向けたい
相手、見返りを求める相手など、自分と相手がいないとできない行
動です。分離しているため、愛による行動とは言えません。

・自分の存在意義を他者に託し、それを守ろうとする行動
　例えば、親という役割意識から子どもを溺愛し、自己犠牲、他者
貢献の精神で自分の存在意義を子どもに託してしまうことがありま
す。これは、自分と相手が分離しているため、愛による行動とは言
えません。**子ども自身ではなく、自分の存在意義を愛しているだけ**
です。
　やがて子どもに自我が芽生え、自分が託した存在意義と子どもの
成長した自我にズレが生じたとき、自分が託した存在意義の通りに
行動するよう強制するようになります。これは自分と存在意義を託
した相手、という2つの役割が必要になる（分離）ため、愛とは言
えません。

愛の正体は「活力」

　活学では、相手を自分のことのように想って慈しむ「融合感」の

ことを愛と考え、見返りを求めない無償の愛だけを愛と定義します。例えば、「愛してほしいから相手に尽くす」というのは、相手を想っているようで、その先にいる自分への見返りを求めており、愛ではありません。

コップに入った水を「愛」と見立てて考えてみましょう。2人が1つずつコップを持っていて、それぞれのコップの中にはわずかな水しかありません。水を相手のコップに注ぐと、相手のコップの水は増えますが、自分のコップは空っぽになってしまいます。すると今度は、相手に水を要求するようになります。

コップの中から水があふれ出てくる状態だったらどうでしょう。他者に分け与えても、自分のコップの中の水が減ることはありません。当然、相手の水を要求することもありません。

愛もコップに入った水と同じです。お互いが愛に飢えた状態で相手に愛を注ぐと、相手は満たされますが、自分の心は空っぽになってしまいます。お互いが少ない愛を与え合い、奪い合うことで消耗してしまいます。**自己犠牲でも同情でもなく、自分ができる範囲の中で、人にどんどん愛を分け与えていく。他者に愛を注いでもなくならず、見返りも求めない。それが苦にならないのが愛と活力にあふれた状態**です。

活力がある人だけが、自ら愛を作りだすことができます。自分の中から生まれた活力を与えたくなり、それをきっかけとして分かれていた互いが自ら融合していくのが愛です。愛をもらった人が元気になるのは、実は活力をもらっているからです。

活力がなく他者に依存している人は、愛を与えることより、もらう愛を重要視します。自分の心の欠乏感は人から埋めてもらうものだと解釈し、多くの人に愛される、もしくは、誰かに深く愛されることで、自分の存在価値が高まると考え、愛されることによって自分の実存的虚無感を埋めようとします。このような人は、「この

人がいないと生きていけない」という不安と恐怖に支配されやすく、人に愛を与えることも、自分自身を愛することもできなくなってしまいます。

「人に愛を与えられるという条件を自分が持つことができている」という実感が本当の充足感であり、本当の幸せは、愛されるより、愛することができる自分自身を感じられることです。

無条件の愛はない

親子愛に代表されるように、多くの人は「愛は無条件である」と考えています。しかし、**実際には人を愛することも、人から愛されるにも条件が存在**します。正確に言えば、自我を喪失した状態での無条件の愛はあり得ますが稀有な例であり、ほとんどの人は自我を保っているので無条件で人を愛することはできません。生きるか死ぬかという状況のときはもちろん、体調や心理状態が悪いときなど、条件が整わない状況で人を愛することは現実的には困難です。

自分と他者とはそもそも分離しています。心の一部は融合できても、自我が邪魔をして、他者とすべて融合することは基本的に不可能です。一方で、自分自身とは完全に融合することができ、自分に対してだけは無条件の愛を持つことが可能です。ただし、ほとんどの人は他者と比較して自分を否定したり、罪悪感を持っていたりするので、自分自身に対しても無条件の愛を持てていません。

これらの点から、活学では「無条件の愛はない」と定義します。このことを知らないと、自分が苦しい状態のときでも愛をあげないといけないと思い込み、自分の大切な人に愛を与えられない自分に罪悪感を感じて苦しんでしまいます。もしくは、家族や恋人など、「愛をもらえるはず」と思っている相手が愛を与えてくれないとき、その相手に不信感を抱いたり、相手を責めてしまうことがあります。

233

「無条件の愛はない」と定義し直すことにより、負の感情を抱かずにフラットな気持ちで他者と接することができ、思いやりや関心を持てるようになります。また、この認識を持つことで、愛に対する過度な期待や苦しみを軽減し、より健全な関係を築くことができます。無償かつ無条件に愛を与えられるのは神様だけです。人間は自我も肉体も、リアルの世界の制限もあります。無償の愛はありますが、無条件の愛は実現できないのです。

23 時間目　自分のファンになる

ここでは、「自分」「他者」「世界」の観点から、愛や信頼について考えます。人は、共同体の中に存在する生き物です。愛の理解と共同体感覚の身につけ方で、他者との関係が変わります。また、世界を信頼できなければ、何度も不都合な他者を作り上げてしまいます。活学の最終目的である「自分のファンになる」ための方法について考えましょう。

負の感情を肯定できることと「愛」の関係性

「りんごを想像しないでください」

そう言われて、りんごを想像せずにいられるでしょうか。「りんご」という単語を見た時点でりんごを想像してしまうはずです。

何かを否定しようとすると、かえってイメージが強くなります。感情も同様です。「この先、何に対しても誰に対しても不満を持たないでください」と言われたらどうでしょうか。目の前に不満になりそうな出来事や人が現れたときに、「不満を持ってはいけない」と思えば思うほど、不満を強くイメージしてしまうはずです。

脳は「No」を否定することはできません。「No」と思えば思うほど、イメージを強くしてしまい、感情を抑圧する傾向が強くなります。感情を抑圧すると、執着になりやすくなります。

負の感情を抱くことに対して「Yes」と肯定し、負の感情を持つことは健全で、当たり前の感情だと思えれば、その感情をすぐに解放できるようになります。自分を愛することができるようになるには、負の感情を肯定できるようになる必要があります。負の感情を持っている自分に気づいても、「ま、いっか」と流せれば、負の感

情を素早く手放すことができます。また、**「自分でもこういう感情を持つんだから、他者も持って当たり前」と捉えることができれば、他者が負の感情を持つこともゆるす（肯定する）ことができる**ようになります。

　反対に、負の感情を持つことを否定すると、自分が負の感情を持ったり、人前で負の感情を出してしまったときに、羞恥心を感じて落ち込んだり、自分を責めて罪悪感を感じたりしてしまいます。他者が負の感情を持ったり、負の感情を出したり、負の感情を自分に向けたりすることにも嫌悪感を抱き、他者をゆるすことができなくなってしまいます。

「自分」「他者」「世界」の愛し方

「自分」「他者」「世界」を愛するためには、「正のフィルター」を通して見るようにし、それぞれに対して愛情や信頼感を持てるようにします。

・自分に対しては「愛情」
・家族・恋人・友人のように特に大切な他者へは「愛情」、
　自分の見知った他者へは「信頼」
・世界に対しては「信頼」

　活学の最終目的である「自分のファン」になるためには、自分自身を愛せるようになる必要があります。**自分自身を真に愛するためには、自分、他者、世界を三位一体と考え、すべてに対し、愛や信頼を持つ必要があります。**
　自分、他者、世界を正のフィルターを通して見ることで、愛する・信頼する方法は、それぞれ以下の通りです。

図58　「自分」「他者」「世界」への愛情・信頼

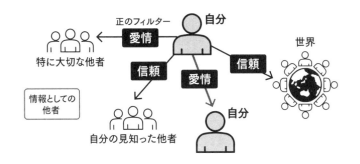

・自分に対して

　自分に対して罪悪感を持っている人は、自分と分離している状態であり、自分を愛することができていません。20時間目に学んだように、価値観・信念のフィルターに穴を開けて、「罪悪感」を解消し、自分をゆるめ、ゆるします。

　また、「自分に対して愛情を持つのが難しい」と感じる人もいるでしょう。そのような人は、他者に感謝するポイントを探したように、自分にも感謝することから始めましょう。「他者＝自分」であり、他者に対してできることは自分に対してもできるはずです。**他者に感謝ができるのであれば、それは自分の引力が作り出したものに感謝ができるということ**であり、自分を信じていいはずです。

・他者と出会えている自分に感謝する
・他者に感謝できている自分を感じ、自分自身をゆるめる
・この環境を作っている自分に感謝をする

・他者に対して

特に大切な他者に対しては、感謝できるポイントを探し、相手を自分のことのように捉えながら、想い慈しむことによって、愛情を持てるようにします。

自分の見知った他者に対しても、感謝できるポイントを探し、信頼します。

それ以外の他者、例えば、テレビや雑誌には出てくるけれど、自分と会ったことも話したこともないような人については、ただの「情報」として捉えるようにします。

・世界に対して

人は見たいものしか見ることができません。世界に対して失望感や恨みを持っていて、「世界は冷たく、信頼に値しない」という負のフィルターで世界を見ている場合、負の情報しか目に入ってこなくなります。

ただし、世界も矛盾に満ちているため、理不尽なことも存在し、信頼が裏切られる状況もあります。**世界に対して「信頼」を持つためには、「世界は優しさで満ちている」部分を探します。**最初は難しくても、そのうち「自分の世界もまんざらではない」という部分が目に入るようになり、「正のフィルター」を通して世界を見ることができるようになります。

このように、自分、他者、世界への負の感情の色眼鏡を外し、正のフィルターにつけ替えて見るだけで、自分のあり方や他者への接し方、世界の見え方は変わっていきます。他者、世界を愛し、信じ、自分に対して愛情を感じることで、自分と融合できるようになります。

「自分」「他者」「世界」を愛せていない場合

「自分」「他者」「世界」への愛情、信頼についてより理解するために、愛情や信頼を持てない場合についても見ていきましょう。

・「自分」への愛情の反対は「罪悪感」

罪悪感は、価値観や信念、執着によってもたらされるもので、自分をゆるしてあげることができていない状態です。罪悪感は自己否定や低い自尊心につながり、自分を愛することができません。

・「他者」への愛情の反対は「無関心」

無関心は、相手に関心が持てず、いないものと同じように捉えることです。他者に無関心な人は、その他者に関わろうとせず、融合感を持つこともありません。

・「世界」への信頼の反対は「失望感、恨み」

世界とは、共同体、この世の仕組み、社会、環境、状況などを指します。「世界は自分に対して冷淡で敵である」と感じている場合、世界に対して「失望感、恨み」を感じます。

自分へは罪悪感、他者へは無関心、世界へは失望感や恨み。このような負のフィルターを通して見ることを習慣化していると、負の情報を探すようになり、入力として負の情報しか入ってこなくなります。

活学の共同体感覚で考えると、自分、他者、世界は（太陽、惑星、太陽系といったように）三位一体です。自分と他者は集合的無意識でつながっているという意味では一体となっています。活学では、世界は自分自身の引力で作っていると考えるため、**自分、他者、世**

界に対して、どれか1つでも愛情や信頼感を持てないと、それは3つとも愛せていない（信頼できていない）ことと同義になります。

・自分は愛している。でも他者には関心がない

　他者は自分自身が作り出したものであり、自分と他者は同じだと考えたとき、他者に無関心だということは、自分にも無関心だということです。他者を排除した世界で自分を愛しているというのは、真の意味で自分を愛せているとは言えません。

・自分は愛している。でも世界には失望し、恨みを持っている

　自分のことを愛せているなら、自分の引力で作った世界も愛せるはずです。世界に失望や恨みを感じているなら、自分のことを愛せてはいない、と解釈します。

・他者（大切な人）は愛している。でも自分のことは愛していない

　自分のことを愛せていない人が「他者（大切な人）を愛している」と言うとき、それは他者を愛しているのではなく、他者に依存しているということです。自分のことを愛せない人に他者を愛することはできないと考えます。

「自己愛」と「自尊心」の違い

　愛にはさまざま意味があります。自分への愛情として、「自己愛」と「自尊心」がありますが、この2つはまるで違うものです。「自己愛」と「自尊心」の違いがわかると、どのように自分を愛すればいいのか理解しやすくなります。

・子どもの頃の自己愛

　子どもの発達段階（10歳頃まで）で形成される自己愛は、ひたすら愛されることだけを望みます。自分を世界の中心と考え、まだ他者を思いやる視点が未発達なため、自分本位な行動をとりがちです。思い通りにならないと癇癪を起こすこともあります。こういった自己愛は、子どもの成長過程に必要なものなので、この段階で現れるのは自然なことと言えます。

・大人になってからの自己愛

　子どもの頃の自己愛が基盤となり、親や周囲の人々から認められる経験を通じて、自尊心が育まれ、心の成熟が促されます。また自我の目覚めとともに、人を愛する方法を学び、愛することができるようになっていきます。

　しかし、自我がうまく成長せず未熟なままだと、愛されることばかり求めるようになってしまいます。また、「愛されるから愛する」という幼稚な愛にとどまってしまいます。その場合、次のような愛されるための努力に傾倒しがちになります。

・社会的に成功し、地位を築き、富と権力を手に入れる
・外見を磨いて自分を魅力的にする
・自分を犠牲にして相手に尽くす

　これらが悪いわけではありませんが、愛されるためだけに努力して、**「これが愛されるための条件だ」という価値観を持ってしまうと、条件を達成できない場合に自分で自分のことを愛せなくなってしまいます。**

　自己愛が強い人は基準が自分ではなく、他者との関係性において決定します。自己中心性や自己優位性が高く、ナルシストで自己顕

示欲があり、他者は自分の都合で動いてくれる存在だと考えがちです。

　共同体感覚の「自己受容」ができていないため、「他者信頼」も「他者貢献」もできません（21時間目）。そのため、**共同体の中で他者と良い関係を築くことができず孤立し、ますます「自己受容」ができなくなる**という悪循環に陥ります。

　自己愛が強い人は、自分で自分を認める（自己受容）ことができないため、他者から認められ、大切にされることを過剰に求める幼児性が現れやすい傾向があります。その一方で、他者から褒められると自己評価が極端に高くなり、反対に、批判・拒絶されると自尊心が傷つきやすいという脆さを抱えています。

　自尊心を傷つけられると、目の前のことに向き合おうとせず、下記のような行動を繰り返すことでますます自己愛を強めていきます。

・批判や拒絶に過度に反応し、攻撃的な態度をとる
・自分の行動や意見を正当化しようとし、自分を正当化する理由や根拠を探す
・傷ついた感情を怒りやイライラとして表現したり、沈黙して事が過ぎ去るのを待ったりする
・自尊心が傷ついたときに、他者との接触を避けることで自分を守ろうとする
・批判的な意見を拒否し、自分の意見や方法を維持しようとする

　自己愛が強い人は自己や他者を攻撃することがあります。

　自信が持てず不安感や孤独感が強いと、自責の念、情けなさ、自己嫌悪、罪悪感、劣等感から自傷行為に走ることがあります。これが、**自己への攻撃**です。

　また、自らの問題から目を背けて行動できない自分や、自分の思

い通りに動いてくれない他者に対してイライラしてしまい、家族（特に親）や他者に責任転嫁をしたり、きつく当たったりすることがあります。これが**他者への攻撃**です。

　自己と他者、両方を攻撃するケースと、どちらか片方だけを攻撃するケースがあります。

・「自尊心」が高い人

　自尊心が高い人は、基準を自分に置き、自己重要感を持っています。**自分を中心に世界は回っているけれど、他者は自分の都合では動かない**ということを理解しています。他者と比較することがないので、自己顕示欲もありません。他者に対しての考え方は、自分と他者が同じ、あるいは、自分の成長のために他者が存在する、と考えます。

　自尊心が高い人は、活学の共同体感覚が身についています。自己評価が健全で、ありのままの自分を受け入れることができます。「自己受容」ができていることはもちろん、「他者信頼」「他者貢献」もできており、活学の共同体感覚の４つ目の要素である「自己発信」も可能です。すべての要素をうまく循環させることができるため、**共同体の中で、バランスの取れた人間関係や心の健康を築く**傾向があります。

　自尊心が高い人は、過度に他人の評価に左右されず、自分の価値観・信念に沿って行動することができます。失敗や困難にも立ち向かい、人生を自分で切り拓く力を持っています。

「自己愛」から脱却し、「自尊心」を高めるには

　「自己愛」から脱却し、「自尊心」を高めるには、まず、**それぞれの違いを区分けできるようにし、自分がどちらの要素が多いのか内観**

します。

図59　自己愛と自尊心

	基準	感情	自己顕示	「自分のために他者がいる」 という言葉の捉え方
自己愛	他者との比較	自己中心性 自己優位性	ナルシスト 自己陶酔	他者は自分の都合で動いて くれる手下のような存在
自尊心	自分が基準	自己重要感	なし	・自分と他者が同じ ・自分の成長のために他者 　が存在する

　自尊心には、「活学の共同体感覚」の要素がすべて入っています。共同体の中でいつも人と良好な関係を築けない人は、共同体感覚をしっかりと認識する必要があります。

　共同体感覚の４つの要素の中の、スタートは「自己受容」になります。「自己受容」とは「自尊心」を高めることです。まずは自分を愛することからはじめましょう。この時間に前述した『「自分」「他者」「世界」の愛し方』の中の「自分に対して」を参考にしてください。

愛するための条件を広げる

　人によって、愛するための条件には幅があります。愛するための条件が多いということは、多くの「こうあるべき・こうあらねば」という価値観・信念に縛られているということです。条件が多ければ多いほど、他者を愛せる幅が狭くなります。同時に、自分を愛する幅も狭くなってしまいます。

■愛の条件の例

・価値観・信念：自分の価値観・信念に沿ったものに相手が準じ
　ているときは愛することができる
・環境・状況：自分の環境・状況が極度に悪くない限りは、相手
　を愛することができる
・生きるか死ぬかの状況：生きるか死ぬかの極限状態でない限りは、
　相手を愛することができる
・体調：自分の体調が極度に悪くない限りは、相手を愛すること
　ができる

　これらの条件の中で、「環境・状況」と「体調」は克服することが
難しく、「生きるか死ぬか」の極限状況にいたっては克服することが
ほぼ不可能です。この４つの中で、克服することが比較的容易なの
は「価値観・信念」だけになります。

　顕在意識に価値観・信念があり、その壁に阻まれると、集合的無
意識の領域にある愛が顕在意識に上がってくることができなくなっ
てしまいます。愛するための条件が多いということは、多くの「こ
うあるべき・こうあらねば」という価値観・信念に縛られていると
いうことです。

　愛するための条件を広げるためには、「べき」や「ねば」を外し、
価値観・信念のフィルターに多くの穴を開けるようにします（20時
間目）。

　まずは、やれる範囲内で構わないので、**自分で決めている基準を
自分自身で破り、自分の世界の基準を広げてみましょう。**

・「時間に遅れてはならない」という信念を持ち、それを守り続け
　ている人は、一度時間に遅れてみて、そんな自分自身をゆるす
・「人からの依頼は断るべきではない」と思い、それを守り続けて

245

いる人は、一度断ってみて、そんな自分自身をゆるす

「こうあるべき・こうあらねば」と自分を縛っている基準を一度自ら破ってみることで、価値観・信念のフィルターに揺さぶりをかけます。自分の信じてきた価値観・信念を自ら破り、矛盾を抱え、矛盾統合できれば1段上の次元に進む可能性があります。矛盾統合は融合と近く、自分を愛することに一歩近づくことができます。

「なんでもあり」だと理解する

人にとって強い思いの1つに、「自分は正しいと思いたい」というものがあります。「人より正しい、優れている」という優越感を感じることは、自我（エゴ）が喜ぶからです。しかし、自分が「正しい」状態でいられなくなったときには、自分に対する信頼感を失い、後悔の念や罪悪感に苦しむことになります。他者の責任にしておけば自分は罪悪感を抱える必要はなくなりますが、他者との関係性は悪化します。

このように、「正しい」「間違っている」を判断している限り、「分離」の世界に居続けることになってしまいます。**相反する思考法は分離から融合への思考法であり、愛に向かう思考法**です。すべてが正しくもあり、間違ってもいます。そうであるなら、「正しい」「間違っている」の判断はどうでもいいことです。判断しないことを自分にゆるせば、他者のこともゆるせるようになりますし、優越感を感じることもなくなり、分離から融合へ近づくことができます。

同様に、「良い」「悪い」も判断しないようにしましょう。例えば、「社会に順応できる自分であるべき（社会に順応できるのは良いことだ）」という価値観・信念を持っている人がそうなれなかった場

合、「劣等感」や「自己否定感」を抱くようになります。すると、「そうなれていない自分」をゆるせなくなり、自己受容することができなくなってしまいます。

「相反する思考法」は、どんなものにも「良い」「悪い」が存在するという考え方です。基本的にマインドの世界の中では「なんでもあり」と捉えます（ただし、社会的規範に外れている場合、行動に移すのは問題があります）。

非常識とされている価値観、タブー視されていることも含めて「なんでもあり」ということに抵抗感を感じる人はたくさんいるでしょう。**「なんでもあり」で自分をゆるすことができれば、どんな自分でも愛せるはず**ですが、「なんでもあり」という状態が怖いので、多くの人はこの状態を許容することができません。

何事にも「良い」「悪い」という判断をせず、自分の価値観・信念に基準を設けなければ、自己受容する幅を広げることができ、自分を愛することができるようになります。その上で社会に対してどう行動するかは理性で判断していくことになります。マインドの世界は自由で、リアルの世界には制限があるからです。

247

第 **8** 部

描いた
ビジョン通りに
世界は変わる

24時間目 時間概念と因果関係を破壊する

　活学では、ビジョンを描くことで自分の望む世界を構築することができると考えます。そのことを理解するためには、時間概念と因果関係という最も強い刷り込みを破壊する必要があります。しかし、時間概念と因果関係については、誰も証明することができないため、「こう考えるとつじつまが合う」という視点から、活学的に構築した理論をご紹介します。受け入れがたいと感じる方もいると思いますが、まずは「こういう考え方もあるんだな」と捉えてください。

時間の捉え方

　時間を、過去から未来に向かって直線的・一方向的に進むものと考えたとき、時間経過を示す軸を「時間軸」と言います。「時間軸」には時間の捉え方によって「スルータイム」と「インタイム」の2種類があります。この中の**「インタイム」**という時間の捉え方が、ビジョンの実現やミッション実行の際に非常に深い関わりがあります。

・スルータイム

「スルータイム」の人は、客観的な時間の流れを意識して生きています。過去は左側にあり、未来は右側にイメージしているケースがほとんどです（図60）。過去・現在・未来が目の前に連続して流れているイメージを持っています。

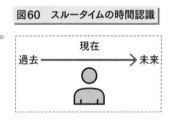

図60　スルータイムの時間認識

　日本人にはこのタイプが多い傾向があります。時間を守らず何か

に集中してしまうことを悪と捉え、教育でもスルータイムが求められてきたからです。特に主婦や経営者など、時間をマネジメントしなくてはいけない人に強く現れる傾向があります。

スルータイムの人は、**時間の流れを意識しながら計画的に行動することを得意とするため、時間感覚に優れています**。時間の全体像を見る、時間配分を考える、効果・効率を考える、何かをしながら次の予定を考える、といったことが得意で、未来に対する計画にも長けています。

一方で、過去の出来事が現在にどう影響し、目の前の行動が未来にどうつながるかを常に考えているため、**「今」に没頭する力が弱い**面があります。また、時間を効率的に使おうとするため、タスクの流れや成果を考えてしまい、「今この瞬間」に没頭しづらい傾向があります。

このように、スルータイムの人は、時間を直線的に捉え、因果関係を重視するため、過去や未来に意識が向きやすく、「今」に集中しにくいという傾向があります。

・**インタイム**

「インタイム」の人は、主観的な時間の流れの中で生きています。過去を自分の後ろに、未来を自分の前にイメージしているケースがほとんどです（図61）。

子どもはインタイムの感覚が強く、クリエイティブな仕事をする人にもインタイムが強い傾向があります。

インタイムの人は**「時間配分を考**

図61　インタイムの時間認識

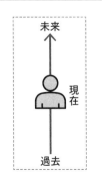

える」「時間の全体像をつかむ」「予定を立てる」といったことが苦手です。何かに集中しすぎると、予定の時間を守れないこともあります。

一方で、インタイムの人は何かに夢中になり、没頭する力が強いため、**「今」に集中することが得意**です。

インタイムの人にとっては、「今が楽しいかどうか」が最も重要で、過去の出来事を振り返ったり、未来を計画したりするよりも、「今」を最大限に味わうことに集中します。また、「AをしたからBが起こる」という因果関係に縛られずに直感的な判断をするため、「今」に集中しやすいという特徴があります。

ビジョンを実現するなら「インタイム」

スルータイムでいると、過去への執着や未来に対する不安を持ちやすくなります。

因果関係に縛られたままだと、自分のビジョンを叶えられる状況（原因）が得られなければ、ビジョンが叶わない（結果）と考えるため、ビジョンの実現に対して疑いを持つことになります。**ビジョンが叶えられると確信を持つためには、時間概念をインタイムにして、因果関係を壊す**必要があります。

自分のビジョンに夢中になっているとき、人は「インタイム」で生きています。過去や未来に想いを馳せることはなく、「今」という瞬間に集中して生きており、今にしか存在できない自分の肉体、今という瞬間と融合できます。

それが「自分の軸と合う」ということであり、顕在意識と潜在意識のリンク（20時間目）が強い状態です。ビジョンを思い描くにも、ミッションを実行するにも最高の状態で、活力にあふれています。**因果関係に縛られないことは、制限のない自由なビジョンを描くこ**

とに通じています。想像力が豊かになり、鮮明なビジョンも描きやすくなります。

ミッションを実行し続けるには、集中力が必要です。集中力が高ければ、ビジョンを実現するスピードも早くなります。制限のない自由なビジョンを描き、スピーディにミッションを実行するには、スルータイムで生きるより、インタイムで生きることが望ましいと言えます。

「実時間」と「認識時間」

活学では、時計やストップウォッチなどで計れるリアルの世界での絶対的な時間を「実時間」、**マインドの世界での相対的な時間感覚のことを「認識時間」**と呼びます。

時間概念を壊すためには「認識時間」について理解しておく必要があります。

人は因果関係を作って納得するという経験を積み上げることによって、時間という概念を持つようになります。**顕在意識は順序・順番をつかさどり、因果関係を重要視**します。自我が因果関係を定め、脳が時間を決めています。

・好きなことをして過ごす楽しい時間はあっという間に過ぎるのに、面白くない授業や会議など退屈な時間は過ぎるのが遅く感じる
・子どもの頃は一日がとても長く感じられたのに、大人になり、年を経れば経るほど時間の過ぎ方が早く感じられる

このような時間感覚が認識時間です。

私たちは当たり前のように時間が存在すると考えています。時間は過去から現在、現在から未来へと流れていて、過去があるから現

在があり、現在が未来へとつながっていくという認識です。

　ただし、**マインドの世界では過去も未来も想像で、時間概念が存在しません。**過去や未来が想像なら、執着を持っていることに意味はありません。それでも執着を手放したくないときは、なぜ「そういう過去があったと思いたいのか」「なぜ未来の不安にばかり思いを馳せるのか」ということを考えてみる必要があります。

　存在するのは、過去に思いを馳せ、未来のビジョンを描く、今の私だけ。過去は「過ぎ去った」と書き、未来は「未だ来ない」と書きます。どちらも想像上（マインド）のものであり、**過去と未来にばかり想いを馳せるのは、今にある肉体を置き去りにしている**ということです。

　20時間目で述べたように、潜在意識では自我の喪失すら可能です。これまでにビジョンを「すでに達成された未来の自分の姿」と説明していますし、活学の全体図でもビジョンについて「すでに達成された未来」というように時間概念がない表現をしているのがおわかりいただけると思います。

因果関係の逆転を引き起こすもの

　多くの人が、ビジョンを描くことができず、実存的虚無感に陥っています。しかし、時間についての理解を深めれば、「自分のビジョンに夢中になるかどうかで認識時間の軸が決まる」ことを感じることができます。

　スルータイムで未来の自分をイメージし、自分の人生を自分自身で作っているという実感を持ち、自分を肯定し、かつ自尊心を持つことで夢中になる準備をしましょう。一方で、ビジョンの実現に向けたミッションはインタイムで実行し、夢中になりましょう。

254

・因果律に対する考え方

多くの人は、「時間は過去、現在、未来という方向で流れていて、私たちは現在という視点から、過去と未来を見ている」と考えています。そして、過去はすでにあったことで、未来はこれから起こる予測不能なことだと考えています。

これは、過去の自分が原因となり、人生でのさまざまな選択の上に今の自分がいる。そして今の自分が原因となり、未来の自分を作っていく、という考え方です。

このように「原因があって結果がある」というのが一般的な因果関係に対する考え方で、これをイメージすると図62のようになります。細い線が選択肢、太い線が実際に自分が選んだ選択肢です。今の自分が原因となり、未来の自分を作るという考え方です。

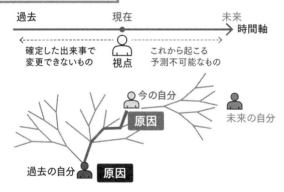

図62　一般的な因果関係と時間軸

・因果関係の破壊「結果が先、原因が後」

自分のビジョンに応じて認識時間の軸が決まっていくということを実感するためには、一度自分の**マインドの中で因果関係を破壊する**必要があります。

過去の自分が原因となり、さまざまな選択の上に今の自分がいる。そして今の自分が原因となり、未来の自分を作っていく。このように「原因があって結果がある」というのが一般的な因果関係に対する考え方です。

　こうした捉え方に対し、**「結果があって、それにつじつまが合うように原因が作られる」** と捉えるのが活学での考え方です（図63）。結果を正当化するために、それに見合うような原因を選び、自我が時間より前後関係を意識しながら、因果関係を作ろうとします。つまり、通常考えられている因果関係は逆転します。

図63　因果関係の逆転

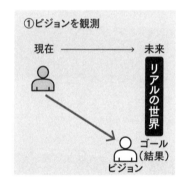
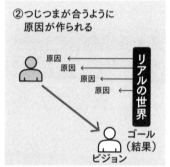

　クランボルツ教授の計画的偶発性理論と同じです。ビジネスで成功した人のキャリアを調査したところ「人生のターニングポイントの8割が本人の予想しない偶然の出来事によるもの」というものです。

　因果関係の逆転を引き起こすのは、マインドの世界でビジョンを鮮明に描くことです。イメージするというより「ビジョンを観測する」という表現になります。

マインドの世界では、ビジョンを瞬時に叶えることが可能です。例えば、「野球選手になって活躍している状態」というのは、リアルの世界ではすぐには実現しませんし、実現するかどうかもその時点ではわかりません。しかし、マインドの世界では、思い描いたと同時に実現します。思い描くことさえできれば、（マインドの中では）ビジョンは必ず達成されます。

　過去に達成した出来事は、五感を使ってすでに観測していることなので、「すでに達成した過去の出来事」です。同様に、**マインドの世界でありありと思い描くビジョンは、未来における観測に値するため、「すでに達成した未来の出来事」**となります。

　マインドの世界の観測は確信に相当します。鮮明にビジョンをイメージ（観測）すると、「結果があって、それにつじつまが合うように原因が作られる」という「因果関係の逆転」を引き起こします。観測したビジョンは確信へと変わり、納得することで、時間軸の向かうゴールとなります。現実の世界では、そのゴール（結果）が確定された時点で、ゴールに向かって、つじつまが合うように原因となる出会いや出来事が作られます。

25時間目 「クリップ理論」と「フィルム理論」

「原因があるから結果がある」という考え方から、「結果があって、原因が作られる」という考え方にシフトするための活学流の方法を2つご紹介します。それは「クリップ理論」と「フィルム理論」です。この方法は、「こう考えるとつじつまが合うよね」という観点から考えた理論です。活学の最終授業として、学んでいきましょう。

「クリップ理論」とは

　電磁石をご存じでしょうか。磁性材料（鉄など）を芯として、まわりに電線を巻き、通電することによって磁力を発生させる磁石のことです。

　クリップ理論では、電磁石を「ビジョン」、クリップを「現実世界の要素」に例えて考えます。「現実世界の要素」とは、現実にある出会い、出来事など無限のものすべてを言います。ビジョンが確定してから実現するまでの流れを、電磁石とクリップの動きで例えて、潜在意識、時間、因果関係の逆転についても一緒に説明します。

①ビジョンが確定していない状態

　ビジョンが確定していないとき、電磁石のスイッチはOFFになっており、電磁石にクリップが吸い寄

図64　ビジョンが未確定

せられることはありません（図64）。**ビジョンがなければ吸い寄せる「現実世界の要素」もない**、ということです。

②ビジョンの確定

ビジョンを観測し、確信すると、電磁石のスイッチがOFFからONに切り替わり、クリップは電磁石に吸い寄せられます（図65）。つまり、**現実世界の要素がビジョンに吸い寄せられた**、ということです。ビジョンの観測とは、マインドの世界にあるビジョンを顕在意識でありありと描けるようになる、ということです。

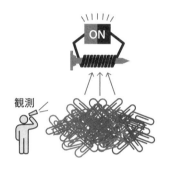

図65 ビジョンが確定

③ビジョン実現のための要素が確定

スイッチがONになり、クリップが電磁石に次々と吸い寄せられていきます（図66）。観測したビジョンが確信へと変わり、納得したことで、ビジョンは時間軸の向かうゴールとなります。

ゴールが確定した時点で、吸い寄せられたクリップは山となります。クリップの1つひとつが、ビジョンを実現するための出会いや出来事で、クリップの山はビジョン実現の道筋です。クリップの山の頂上へ上ることができればビ

図66 因果関係の逆転

ジョン達成となります。

クリップ理論では先に結果となるビジョンがあり、つじつまの合うように原因（出会い、出来事）が作られていくため、因果関係は通常とは逆転します。これが「因果関係の逆転」です。

現在の選択（原因）によって未来が決まるのではなく、自分が決めた未来（ビジョン）に対して選択が生まれます。

④ミッションの実行

クリップが積み重なったことで道ができ、人はそこを登ることができるようになります（図67）。**1つひとつのクリップの階段を登りながら、ビジョンの方向に向かい、人は歩いていきます。**

この一歩一歩が、出会いや出来事であり、これらのミッションを実行することで人はビジョンを実現します。

図67　ミッションの実行

ビジョンが作るクリップの山

ビジョンをしっかり描けていればいるほど、吸い寄せられるクリップの数が増え、なだらかで歩きやすい山となります。頂上まで登りやすいということは、ビジョンも達成しやすいということです。弱いビジョンだと磁力も弱まるため、引き寄せられるクリップの数が少なく、勾配のある登りづらい山となります。頂上まで登りづらいということは、ビジョンも実現しづらいということです。

また、ビジョンがない人は、電磁石はOFFのままなのでクリッ

プの山は積み上がりません。目指すべき場所がわからず、歩くべきクリップの山も存在しないので、「自分の生きている意味はあるのだろうか」と、実存的虚無感に陥りやすくなります。

ここで重要なのが、ビジョンの電磁石は観測することでしかONにならず、観測を止めるとOFFになりクリップの山も崩れてなくなるということです。顕在意識でビジョンをイメージしても、別のことを考えたり、寝たりした時点でOFFになります。

ここで使うのが潜在意識（20時間目）です。**顕在意識から潜在意識に落とすことで、潜在意識に観測を続けてもらいます。**潜在意識には時間概念がないので、別のことをしても、寝ていても自動で働き続けてくれます。潜在意識に真のビジョンを落とし込み、潜在意識に常に観測し続けてもらい、電磁石をONにし続けてもらうのです。これが自分の望む世界をスピーディに構築できるかどうかの分かれ目になります。

クリップの山が2つあるとき

過去への強い執着（恨み・怒り・後悔・劣等感等）、未来に対する不安感、恐れなどは「負のビジョン」となります。過去や未来は、マインドの世界にしか存在できない幻想であり、未来を描いたビジョンも、未来への不安も、そして過去に起こった出来事についての思い出や執着もマインドの世界では同じように存在します（4時間目）。

正のビジョンと負のビジョンを同時に持っているとき、ビジョンという名の電磁石は2つ存在することになり、それぞれにクリップの山が作られます。**過去への強い執着は、多くの場合、未来へのビジョンに勝ります。**なぜなら、過去の出来事は「観測した」という

確信が伴うため、より強い磁力を持っているからです。強い磁力のほうがクリップを多く引き寄せることができるので、残念ながら負のビジョンの山を登ることになります。強い執着があると正のビジョンを叶えることは難しくなってしまいます。

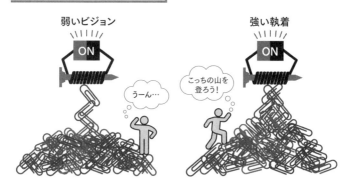

図68　強い執着に引き寄せられる

過去の出来事に強い負の執着を持つと、マインドの世界で何度もその出来事に対して観測をしてしまいます。すると、人は本来の時間軸とはズレた別の時間軸（執着を抱えた時間軸）を維持して進むことになります（図69）。

ある時点で気づきがあり執着を外すと（20時間目）、その出来事への観測が終了して、人は本来の時間軸へ戻ります（19時間目：ドリルの終了）。執着を持たずに、本来の時間軸を進んだほうが、ビジョン達成の近道となります。

気づきを得て執着を外し、価値観・信念が変わると、ビジョンが変わります（ビジョンを達成し、別のビジョンができたときにもビジョンの変更が行われます）。ビジョンが変わると、電磁石の位置が変わり、同時にクリップも引き寄せられて移動し、リアルの世界

の再構築が気づかない形で起こります。**リアルの世界では何も見えなくても、マインドの世界ではビジョンの変化に伴い、吸い寄せられる出会いや出来事などの要素も変わり、時間軸も移動します。**
「自分が世界を作っている」というのはこういうことなのです。

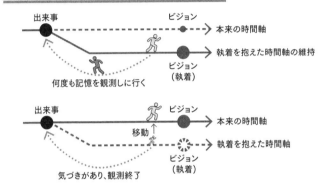

図69　価値観・信念を変えて本来の時間軸を進む

「フィルム理論」とは

前述した時間軸の変化について、「フィルム理論」で説明します。フィルム映像の特徴に沿って時間とビジョンの関係性を捉え、時間の理解にも役立つ活学独自の理論です。**「今のフィルムに集中することの大切さや未来は選択できる」**ということを、フィルムの仕組みで説明しています。

クリップ理論とフィルム理論は内容的にはほぼ同じです。「クリップ理論」で言うところのクリップ1つひとつが、フィルム1コマ1コマに当たります。ビジョンが決定することでクリップの山ができるように、ビジョンに応じてフィルムが選ばれます。

クリップ理論では「因果律の逆転」がどのように起こるかをメイ

ンに述べており、フィルム理論では、因果関係に縛られない思考と「今に集中することの大切さ」をメインに説明しています。

フィルム映像は、映画やビデオ制作に使用される映像の形式の1つです。現在はデジタル形式での撮影や編集が一般的ですが、かつてはフィルムと呼ばれる光に感光する素材に撮影され、映写機を使用して投影されることで視聴されていました。

フィルムには連続した静止画像が含まれており、フレームと呼ばれる個々の映像コマが高速で連続して再生されることで、物語の流れや動きが生まれます（図70）。

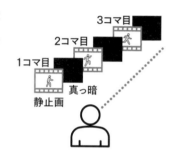

図70 フィルム映像の原理

例えば、毎秒24コマのフィルム映像は、1秒間に24コマの静止画を再生することで、滑らかな動きを見せることができます。1コマ目の静止画がスクリーンに投影されると、次にシャッターが光を遮り（スクリーンは真っ暗になる）、2コマ目の静止画が引き下ろされそこで静止、ということが繰り返されます。この明滅を感じ取れないのは、人の目に陽性の残像というものがあるためです。真っ暗な瞬間があってもすぐに次の画像が投影されれば、連続して滑らかに動いているように見えます。

フィルムをつなぎ変えることで未来を変える

フィルムと同様、時間にも連続性があると捉えていると、原因の積み重ねで今があると考えてしまいます。実際には**コマとコマの間には、シャッターが下りる真っ暗な瞬間があります**。真っ暗な瞬間

を観察することはできないのに、コマとコマの間に連続性があるように見えるのは、その間の時間を脳がつないでいるからです。

フィルム1枚1枚が人生の選択だと捉えてみましょう。**「私たちは連続するフィルムの中を歩いている。原因となる出来事があったからこのような結果が起きている」**と考えます。

このとき、「1本のフィルム」のように、時間が目の前に連続して流れているイメージに感じるはずです。これは、「スルータイム」と同じ時間感覚です。時間の全体像を見ようとするため、「過去の自分が原因となり、人生でのさまざまな選択の上に今の自分がいる。そして今の自分が原因となり、未来の自分を作っていく」というような、因果関係に縛られた生き方を歩むことになります。

この場合、時間を書き換えるという感覚を持つことができないので、「ビジョンの実現には努力が必要で時間がかかる」という価値観・信念に縛られます。**「努力をし続ける」**ことがビジョンになってしまった場合、真のビジョンを実現することが難しくなります。

クリップ理論と同様に、気づきを得て執着を外し、価値観・信念の変更があったときに、**「真っ暗な瞬間に別のフィルムに入れ替わっているかもしれない」**と考えるとどうでしょうか。フィルムを切って、別のフィルムにくっつけると、別の映像がくっつくように、ビジョンを変更すると別の未来を選択することになるのかもしれません（図71）。そう考えることで「時間軸を書き換える感覚」を持つことができ、ビジョン実現への道のりが近くなります。

図71 フィルムをつなぎ変える

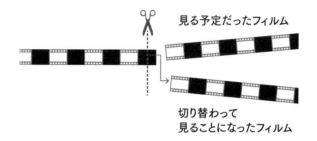

「このフィルムを自分で作っている」という実感

　大人はこれまでの経験から、原因があって結果があるという時間軸の中で過ごしていますが、子どもは自我が発達していないため、大人ほど時間概念がありません。インタイムの人がビジョンに夢中になっているときも「今」という時間に集中して時間概念が頭から飛んでいます。

　スルータイムですべてのフィルムのコマ全体を観察しているときには、別のフィルムへ移動するという概念を持つことはできません。しかし、**インタイムだとフィルムの今のコマしか観察してないため、ビジョンが変わったときには、潜在意識が瞬時にそのビジョンにあったフィルムを選択しつなぎ合わせることが可能**となります。また、ビジョンに応じてコマが選ばれることで、時間軸が再編されるため、因果関係が逆転します。

　未来に想いを馳せれば「できるだろうか？」と不安を感じ、過去に想いを馳せれば、過去の失敗を思い出して不安になる。これでは

ビジョンの実現が遠のいてしまいます。ビジョンを腹に据えながら、「このフィルムは、今自分が作っている」という意識でミッションを実行することが一番自分のパフォーマンスを上げることにつながります。

時間を忘れるくらいビジョンに夢中になり、インタイムの時間感覚になることができれば、「今」というフィルムに軸が合います。ビジョンを「今ここ」に観測し確定することができ、今にしか存在できない自分の肉体、今という瞬間と「融合」することができます。

以上、クリップ理論では「因果律の逆転」がどのように起こるかをメインに述べ、フィルム理論では、因果関係に縛られない思考と「今に集中することの大切さ」をメインに説明しました。

どちらの理論も「因果律の逆転」のほかに、未来は選択できるということをお伝えしました。この考え方が、あなたのビジョンを叶えることに役立てば幸いです。

人生という
ゲームの攻略法

　この本の前半では、主にビジョンをスムーズに実現する方法についてお伝えしてきました。続けて、活学の共同体感覚や、愛するとはどういうことか、時間概念と因果関係という、一見「ビジョンの実現」とは関係のなさそうなことをお伝えしました。
　その理由は、これらを理解していることが、ビジョン実現のためにとても重要だからです。もちろん、「活学」が「活力を持った生き方を学ぶ方法」だから、ということも大きな理由です。

　最後まで読んでお気づきの方もいるかもしれませんが、人生の目的はビジョンを実現することではありません。
　人生の本当の目的は、「**矛盾をはらみながら、自我（分離）に反してさまざまなものと融合すること**」です。
　ビジョンの実現を通して、自分、他者、世界を愛し、信頼できるようになることで、自分の過ごす時間とも融合していく。巡り巡って「**今」という瞬間に、今にしか存在できない自分の肉体と「融合」**する。
　これまでお伝えした通り、「融合」とは「愛する」ということです。あなたの中にはすでに人生というゲームの攻略法が用意されています。**攻略法は「自分の中の分離と融合のバランスを自分が自分のファンになれる割合で取ること」**なのです。

あとがき
答えはすべて自分の中に

「活学」はいかがでしたでしょうか？

「今までの考え方とは違いすぎて受け入れられなかった」「情報量が多すぎて咀嚼するのに時間がかかりそう」という感想を持った人、「今まで点で聞いていた理論が線でつながった」と思えた人もいるかもしれません。

　もちろん、一度読んだだけでマスターするのは難しいと思いますので折に触れて読み直して実践していただけたらと思います。特に、身近に実存的虚無感を抱えている人がいる方は、活学を状況打開の選択肢に入れていただけるとうれしく思います。

　私が活学を作ろうと思ったきっかけは、自分の母親が統合失調症で苦しみながらも、幸せを求めて生きていた姿を目の当たりにしていたからだと思います。

　幸せを求めて戦争さえ行うような、そんな理不尽なことが多いこの現実で、「人の幸せとはなんだろう」と、誰もがきっと一度は考えたことがあると思います

「リアルの制限が厳しい現実の中で、自尊心を持ちながら他者や世界を愛してつながり、真のビジョンを達成し、自分の世界を自分で構築していく」

　これこそが、人生の目的である幸せになる方法ですが、これに気づいたときには「こんなの無理じゃね？」と絶望したものです。これはもはや、神様が作った無理ゲーの中であがいているだけなのではないかと何度も感じたからです。

　しかし「相反する思考法」にあるように、神様は人間を「矛盾を抱えて統合していくことができるように」作りました。ということ

は、攻略法も用意されているのかもしれない。そう思い、自分自身の潜在意識を内観してみたところ、答えはすべて自分の中にあることがわかりました。

　ゲームキャラとして初期パラメータが違うので、バッドエンドが存在するシナリオも多いけれど、クリアできないゲームではない。人は生まれながらに攻略法を与えられており、死ぬけど負けない生き方ができる。そういう結論に達しました。

　この気づきをもとに、人生というゲームの攻略法を体系づけて学べるようにしたのが活学です。

　攻略法がわかってもリアルには制限がありますから、私自身も人生というゲームの真っ只中です。みなさんと一緒に、時には悩み、負の感情に浸りながら矛盾統合を繰り返し、時間軸を変えながら少しずつではあっても進んでいけたらうれしく思います。

　本書の内容が、活学のすべてではありません。削ってしまった部分も含め、どこかでお伝えできたらと思います。

　最後にもう一度。あなたの中にはすでにこのゲームの攻略法が用意されています。活学を通して人生というゲームを攻略してほしいと思います。そして、「自分だけは自分のファンでいる」ということを忘れないようにしながら、日々を大切に生きてください。

並木将央

『自分で自分のファンになる 世界と私を調和させる 「活学」の授業』 購入者特典のご案内

本書をご購入いただきまして、誠にありがとうございます。著者より、購入者特典として「活学の全体像（完全版）」をプレゼントします。本書では解説し切れなかった部分も記載されています。ぜひ参考にしてください。

読者特典は下記URLよりダウンロードしてください。

https://katsugaku.jp/tokuten2025

※特典は予告なく内容を変更、終了することがあります

［著者略歴］

並木将央〔なみき・まさお〕

株式会社ロードフロンティア代表取締役。1975年生まれ。東京理科大学大学院工学研究科電気工学専攻博士前期課程修了、日本テキサス・インスツルメンツ株式会社、つくば研究開発センター研究員勤務。法政大学経営大学院イノベーション・マネジメント研究科修士課程修了。株式会社ロードフロンティアを設立し、成熟社会経営コンサルティング、企業セミナーや大学での講演などを幅広く行う。The Japan Times「次世代のアジアの経営者100人 2014」に選出。「価値観が多様化する時代では、個人のビジョンの確立がビジネスを左右する」という気づきから、物理学、社会学、哲学、心理学をベースに、活き活きと生きるためのメソッド「活学」を建学。著書に『成熟社会のビジネスシフト』(総合法令出版)がある。

自分で自分のファンになる
世界と私を調和させる「活学」の授業

2025年5月1日 　　初版発行

著　者　　　並木将央

発行者　　　小早川幸一郎

発　行　　　**株式会社クロスメディア・パブリッシング**
　　　　　　〒151-0051 東京都渋谷区千駄ヶ谷4-20-3 東栄神宮外苑ビル
　　　　　　https://www.cm-publishing.co.jp
　　　　　　◎本の内容に関するお問い合わせ先：TEL(03)5413-3140／FAX(03)5413-3141

発　売　　　**株式会社インプレス**
　　　　　　〒101-0051 東京都千代田区神田神保町一丁目105番地
　　　　　　◎乱丁本・落丁本などのお問い合わせ先：FAX(03)6837-5023
　　　　　　service@impress.co.jp
　　　　　　※古書店で購入されたものについてはお取り替えできません

印刷・製本　　**株式会社シナノ**

©2025 Masao Namiki, Printed in Japan　　ISBN978-4-295-41090-4　　C2034